中华人民共和国行业推荐性标准

高速公路改扩建设计细则

Guidelines for Design of Expressway Reconstruction and Extension

JTG/T L11—2014

主编单位：浙江省交通运输厅
批准部门：中华人民共和国交通运输部
实施日期：2015年03月01日

人民交通出版社股份有限公司

图书在版编目（CIP）数据

高速公路改扩建设计细则：JTG/T L11—2014／浙江省交通运输厅主编. —北京：人民交通出版社股份有限公司，2015.2
ISBN 978-7-114-11998-9

Ⅰ.①高… Ⅱ.①浙… Ⅲ.①高速公路—改建—道路工程—设计标准—中国②高速公路—扩建—道路工程—设计标准—中国 Ⅳ.①U418.8-65

中国版本图书馆CIP数据核字（2015）第013783号

标准类型：中华人民共和国行业推荐性标准
标准名称：**高速公路改扩建设计细则**
标准编号：**JTG/T L11—2014**
主编单位：浙江省交通运输厅
责任编辑：李　农
出版发行：人民交通出版社股份有限公司
地　　址：（100011）北京市朝阳区安定门外外馆斜街3号
网　　址：http：//www.ccpress.com.cn
销售电话：（010）59757973
总 经 销：人民交通出版社股份有限公司发行部
经　　销：各地新华书店
印　　刷：北京市密东印刷有限公司
开　　本：880×1230　1/16
印　　张：4.25
字　　数：98千
版　　次：2015年2月　第1版
印　　次：2022年8月　第3次印刷
书　　号：ISBN 978-7-114-11998-9
定　　价：45.00元

（有印刷、装订质量问题的图书，由本公司负责调换）

中华人民共和国交通运输部

公 告

第 70 号

交通运输部关于发布
《高速公路改扩建设计细则》的公告

现发布《高速公路改扩建设计细则》（JTG/T L11—2014），作为公路工程行业推荐性标准，自 2015 年 3 月 1 日起施行。

《高速公路改扩建设计细则》（JTG/T L11—2014）的管理权和解释权归交通运输部，日常解释和管理工作由主编单位浙江省交通运输厅负责。

请各有关单位注意在实践中总结经验，及时将发现的问题和修改建议函告浙江省交通运输厅（地址：杭州市梅花碑4号，邮政编码：310009），以便修订时研用。

特此公告。

中华人民共和国交通运输部
2014 年 12 月 23 日

交通运输部办公厅　　　　　　　　　　　　　　　　2014 年 12 月 24 日印发

前　言

根据交通运输部厅公路字〔2009〕190号文《关于下达2009年度公路工程标准规范定额等编制和修订工作计划的通知》的要求，由浙江省交通运输厅承担《高速公路改扩建设计细则》的制定工作。

高速公路改扩建是今后我国公路建设的重要任务之一，而现行标准规范中对此缺少系统的规定，由于改扩建工程的特殊性和复杂性，实践中遇到许多实际困难。为进一步统一改扩建工程的技术要求，规范和指导高速公路改扩建工程的设计，制定本细则。

本细则在《公路工程技术标准》（JTG B01—2014）等现行标准、规范的基础上，针对高速公路改扩建工程的特点，围绕技术标准采用、既有资源利用、改扩建方案选择、人工构造物拼接、建设与运营协调等方面，充分总结近二十年来国内实践的经验，作了有针对性的规定，在保障安全的前提下，力求突出"注重实效、和谐环保"的理念。

本细则包括12章和两个附录等内容。其中，第1~3章着重规定了高速公路改扩建设计应遵循的基本原则和名词术语的使用；第4章规定了既有公路调查与评价方面的内容；第5章规定了总体设计应遵循的原则和着重考虑的要点；第6~12章分别对路线、路基、路面、桥涵、隧道、路线交叉、交通组织等专业的要求进行了规定；附录A给出了涵洞技术状况评定的要求，附录B给出了高速公路改扩建路段加宽形式示例。

请各有关单位在执行过程中，将发现的问题和意见，函告本细则日常管理组，联系人：姜正晖（地址：杭州市环城西路89号，浙江省交通规划设计研究院；邮政编码：310006；电话：0571-89709111；电子邮件：jiangzh@zjic.com），以便修订时参考。

主　编　单　位：浙江省交通运输厅
参　编　单　位：浙江省交通规划设计研究院
　　　　　　　　　中交第二公路勘察设计研究院有限公司
　　　　　　　　　交通运输部公路科学研究院
主　　　　　编：卞钧镠
主要参编人员：姜正晖　陈海君　杨少华　陆耀忠
　　　　　　　　周天赤　庄稼丰　孟书涛　刘德宝
　　　　　　　　赵长军　李伟平　胡彦杰　郭　敏

目　次

1 总则 ·· 1
2 术语 ·· 3
3 基本规定 ··· 4
4 既有公路调查与评价 ·· 9
　4.1 一般规定 ··· 9
　4.2 路线调查与评价 ··· 9
　4.3 路基调查与评价 ··· 10
　4.4 路面调查与评价 ··· 11
　4.5 桥涵调查与评价 ··· 11
　4.6 隧道调查与评价 ··· 12
　4.7 路线交叉调查与评价 ·· 13
　4.8 交通组织调查与评价 ·· 13
5 总体设计 ··· 15
　5.1 一般规定 ··· 15
　5.2 总体设计要点 ·· 16
6 路线 ··· 20
　6.1 一般规定 ··· 20
　6.2 横断面设计 ··· 21
　6.3 平面设计 ··· 21
　6.4 纵面设计 ··· 22
7 路基 ··· 24
　7.1 一般规定 ··· 24
　7.2 路床拼宽 ··· 25
　7.3 一般填方路基拼宽 ·· 25
　7.4 高路堤与陡坡路堤拼宽 ··· 26
　7.5 挖方路基拼宽 ·· 27
　7.6 软土地区路基拼宽 ·· 28
8 路面 ··· 32
　8.1 一般规定 ··· 32
　8.2 拼宽新建路面设计 ·· 32
　8.3 既有路面处治 ·· 33

8.4	路面拼接	34
8.5	再生利用	36
8.6	路面防排水设计	37

9 桥涵 … 38
9.1 一般规定 … 38
9.2 桥梁拼宽 … 39
9.3 通道、涵洞拼宽 … 41
9.4 桥涵拆除 … 42
9.5 桥梁顶升 … 42

10 隧道 … 43
10.1 一般规定 … 43
10.2 分离增建隧道 … 45
10.3 扩挖隧道 … 47
10.4 隧道维修加固 … 48

11 路线交叉 … 50
11.1 一般规定 … 50
11.2 互通式立体交叉 … 51
11.3 分离式立体交叉、通道、天桥 … 53

12 交通组织 … 54
12.1 一般规定 … 54
12.2 区域路网交通组织设计 … 54
12.3 路段交通组织设计 … 55
12.4 交通组织应急预案及保障措施设计 … 55

附录 A 涵洞技术状况评定 … 56
附录 B 高速公路改扩建路段加宽形式 … 58
本细则用词用语说明 … 59

1 总则

1.0.1 为指导、规范高速公路改扩建工程设计，制定本细则。

条文说明

现行标准规范针对改扩建工程设计的规定较少，并缺乏系统性。故对国内已有的成果进行了梳理、总结，形成系统性规范，以指导、规范今后高速公路改扩建工程的设计。

1.0.2 本细则适用于对既有高速公路进行加宽的改扩建工程设计。

条文说明

目前，我国高速公路改扩建的成熟经验主要集中在对既有高速公路进行加宽这一方式上。二级或一级公路提高等级改为高速公路的情况更为复杂，经验还不成熟，同一运输通道内另建新线进行路网加密的则属新建工程，所以本细则未将其纳入高速公路改扩建范畴。

1.0.3 高速公路改扩建设计，应贯彻环境保护、耕地保护和资源节约的基本国策，遵循"利用与改扩建充分结合、建设与运营相互协调"的原则，进行科学论证，提出合理方案。

条文说明

利用既有公路资源进行改扩建，具有节约土地、保护环境、降低造价等优点，提倡通过技术创新，充分利用既有公路资源，以体现改扩建的优势。这需要科学论证、精心设计。

高速公路是重要的运输通道，改扩建对其自身运营、区域路网的交通均会带来较大影响。一方面要做好交通组织以减少对运营的影响，并保障施工；另一方面合理的工程技术方案也有助于交通组织方案的确定和实施。工程建设与交通运营两者之间的协调是相互的，需要结合项目实际情况具体分析。

1.0.4 对既有工程，应在调查、评价的基础上，结合改扩建需求，予以充分利用。

1.0.5 本细则根据改扩建特殊条件与困难程度所规定的部分指标，设计时应结合工程实际具体分析，在安全的前提下合理采用。

条文说明

改扩建工程设计，不仅要考虑新建部分本身，还要考虑对既有工程的利用、新建工程对既有工程的影响、拼宽后的整体性要求，以及对交通的影响等，这是改扩建与新建的不同之处。本细则根据改扩建项目的特殊性、困难程度等，对现行规范部分指标进行了调整，或提出了拼宽后的整体性控制指标。对这些指标，设计时应结合工程实际具体分析，在安全的前提下合理采用。

1.0.6 高速公路改扩建设计，应结合改扩建工程特点，积极稳妥地采用新技术、新材料、新设备、新工艺。

1.0.7 高速公路改扩建设计，除应符合本细则规定外，尚应符合国家和行业现行有关标准的规定。

2 术语

2.0.1 拼宽 widened by lateral physical contact
公路加宽新建部分与既有部分通过横向物理联系组合成整体。

2.0.2 拼接 splicing
将公路构造物或其构件的加宽新建部分与既有部分进行连接。

2.0.3 扩挖 spread excavation
对既有隧道扩大断面开挖重建。

2.0.4 线形拟合 alignment fitting
利用实测线位数据，按照逼近既有公路现状的原则，进行路线平纵面设计。

2.0.5 同向车道分隔带 belt-like divider for separating unidirectional traffic flow
单侧拼宽时，既有中央分隔带保留形成的作为分隔同向行驶车道用的带状设施。

2.0.6 车道转换带 belt-like region for changing lane
单侧拼宽时，既有中央分隔带改造为路面后，供同向车道分隔带两侧车辆转换行驶的带状区域。

3 基本规定

3.0.1 应按统筹规划、适度超前的原则，进行区域路网交通适应性分析，确定高速公路通道规模。

3.0.2 应对利用既有公路改扩建、另建新线进行论证，确定高速公路通道建设方案。

3.0.3 应综合考虑交通量发展趋势、改扩建技术难度、施工及运营安全、区域交通影响等因素，确定高速公路改扩建建设时机和实施方式。高速公路改扩建宜在服务水平下降至三级服务水平下限之前实施。

条文说明

建设时机不同，改扩建受交通量、路网等因素影响的程度也不同，建设时机的选择对工程技术方案与交通组织方案的协调起着十分关键的作用。实施方式一般分"边通车边施工"、"完全封闭施工"、"局部（局部路段、局部时段）封闭施工"等几种，也主要由工程技术方案与交通组织方案协调的结果而定。不同的工程技术方案可能需要不同的交通组织方案与之协调，反过来，交通组织的需求也有可能决定着工程技术方案。故对建设时机和实施方式需综合各影响因素分析确定。

根据已实施工程的经验，当既有高速公路的服务水平下降至三级服务水平下限时，改扩建施工与运营的矛盾普遍都非常突出，既容易严重降低本路服务水平，又会对周边路网产生过大的交通压力，同时也会给工程建设增加难度和安全风险，故对实施时宜满足的服务水平作了规定。

3.0.4 应在既有高速公路设计速度基础上，综合考虑改扩建公路功能、建设条件、运行速度、土地利用等因素，论证确定改扩建项目的设计速度。

条文说明

高速公路改扩建一般采用原设计速度，但由于规划调整引起公路功能的变化、既有公路实际运行状况与原设计预期变化较大、遇特殊困难路段等因素，不排除在改扩建时对设计速度进行调整，对此需根据实际情况分析论证。

3.0.5 设计交通量应按 20 年预测,起算年为该项目工程可行性研究报告中的计划通车年。设计小时交通量不应小于年第 30 位小时交通量。

条文说明

《公路工程技术标准》(JTG B01—2014)对设计小时交通量,规定宜采用年第 30 位小时交通量,也可根据项目实际取年第 20～40 位间最经济合理时位的小时交通量。对改扩建工程,为适应交通量发展需要和体现适度超前,要求不应小于年第 30 位小时交通量。

3.0.6 应根据改扩建后的高速公路功能,合理选用设计服务水平,且应不低于三级。

3.0.7 既有公路为整体式断面,单侧拼宽或单侧分离增建后,双向行驶改为单向行驶,既有中央分隔带保留的路段设置同向车道分隔带,改造为路面的路段设置车道转换带,如图 3.0.7-1 所示,其建筑限界应符合图 3.0.7-2 的规定。

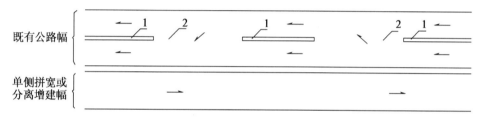

图 3.0.7-1 整体式断面单侧加宽的平面示意
1-同向车道分隔带;2-车道转换带
注:图中箭头表示行车方向。

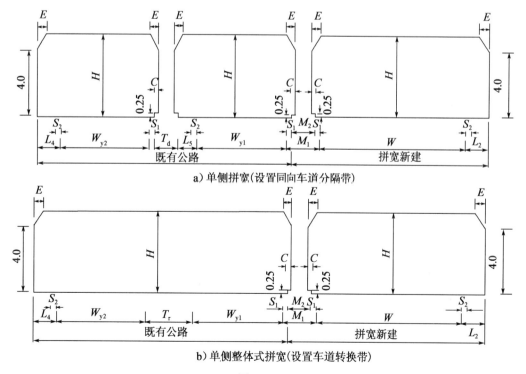

a)单侧拼宽(设置同向车道分隔带)

b)单侧整体式拼宽(设置车道转换带)

图 3.0.7-2

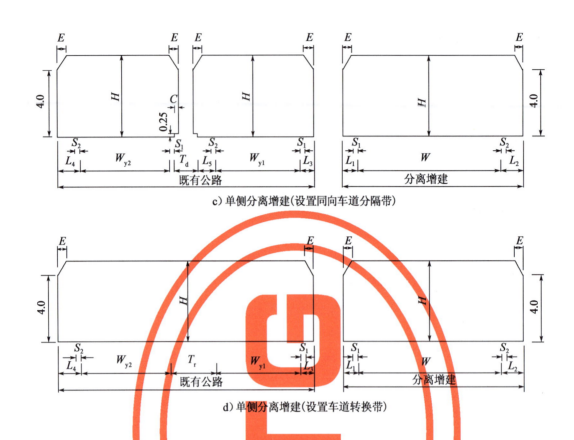

c) 单侧分离增建（设置同向车道分隔带）

d) 单侧分离增建（设置车道转换带）

图 3.0.7-2　整体式断面单侧加宽的建筑限界（尺寸单位：m）

图中：

W、W_{y1}、W_{y2}——行车道宽度；

L_1、L_3——左侧硬路肩宽度，L_3 可按既有公路设计标准取用；

L_2、L_4、L_5——右侧硬路肩宽度，L_4、L_5 可按既有公路设计标准取用；

S_1——左侧路缘带宽度；

S_2——右侧路缘带宽度；

C——设计速度大于 100km/h 时为 0.5m，小于或等于 100km/h 时为 0.25m；

M_1——中间带宽度；

M_2——中央分隔带宽度；

T_d——同向车道分隔带宽度；

T_r——车道转换带宽度，$T_r = T_d + L_5 + S_1$；

E——建筑限界顶角宽度：当硬路肩宽度小于或等于 1m 时，取硬路肩宽度；当硬路肩宽度大于 1m 时，取 1m；

H——净空高度。

条文说明

单侧加宽，既有公路由双向行驶改为单向行驶，其建筑限界组成发生变化，为此予以规定。

3.0.8 拼宽桥涵的新建部分与既有桥涵结构连接时，应进行整体验算和评价。既有桥涵极限承载能力应满足或采取加固措施后满足现行标准的要求；正常使用极限状态应满足原设计标准的要求，并应在设计中提出有针对性的运营管理和维护措施。

3.0.9 桥涵荷载等级的选用应符合下列规定：
1 既有桥涵的检测评价应采用原设计荷载等级。
2 对拼宽部分与既有部分结构连接进行整体验算，评价正常使用极限状态时应采用原设计荷载等级，评价承载能力极限状态时应采用现行荷载等级。
3 分离增建桥涵、拼宽桥涵的新建部分设计，应采用现行荷载等级。
4 分离增建时，既有桥涵可维持原设计荷载等级。

条文说明

3.0.8～3.0.9 目前，国内已实施的改扩建项目普遍采用了"老桥老标准、新桥新标准"的原则进行设计。

国内几条高速公路改扩建实践中，对拼宽桥梁整体验算的结果表明，采用《公路工程技术标准》（JTG B01—2003）规定的荷载等级时，大多数既有桥梁的极限承载能力能够满足，交通运输部《关于高速公路改扩建工程中有关技术问题处理的若干意见》（交公路发〔2013〕634号）、《公路工程技术标准》（JTG B01—2014）对此均作了明确，本细则沿用。

3.0.10 新建桥梁桥下净空应满足现行《公路工程技术标准》（JTG B01）的规定，拼宽桥梁桥下净空应不小于原设计时的净空要求。

3.0.11 应对既有公路技术状况与运营安全状况进行调查、评价，确定既有工程的直接利用、维修加固后利用或重建等方案。

3.0.12 应考虑施工及运营安全、区域交通影响等因素，结合工程技术方案进行交通组织设计。维持通车的施工路段，其服务水平可较正常路段降低一级。

条文说明

高速公路改扩建边通车边施工对运营影响较大，服务水平有较大下降，易产生不利的社会影响，故交通组织设计要求服务水平维持在一定的水平上。

3.0.13 施工阶段应重点对隐蔽工程的实际状况进行跟踪、检验、监测，印证设计方案，根据需要进行动态调整设计。

条文说明

改扩建工程设计阶段对既有公路的调查评价不可能深入既有公路的全部细节内容，施工过程中既有公路一旦打开，各种始料不及的新问题会随之出现，故应在施工过程中进行跟踪、检验、监测，动态调整设计，这是改扩建工程设计的重要措施。

3.0.14 利用或再生利用既有资源、防治污染、处治废弃物时，应满足环境协调与生态保护要求。

3.0.15 高速公路改扩建分期修建时，应采用纵向分段分期的方式，前期工程应为后期工程的修建创造有利条件。

4 既有公路调查与评价

4.1 一般规定

4.1.1 既有公路调查与评价应针对改扩建设计需求，结合专业特点和内容进行。

条文说明

既有公路调查与评价分运营安全性、技术状况两部分，其目的在于全面了解既有公路自身状况，评价利用价值，为确定既有工程的利用方案奠定基础。

4.1.2 既有公路调查应采用资料搜集、现场调查、测量、试验检测等手段。资料搜集宜包括建设期和运营期的设计、施工、养护、运营管理等相关资料。

4.1.3 应运用经验判断、指标对照、统计分析、结构计算等方法，从行车安全性、承载能力、稳定性、规范符合性、功能适应性等方面，对既有公路做出定性或定量评价。

条文说明

功能适应性包括路网及路段通行能力、桥下通行、泄洪排涝等内容。

4.2 路线调查与评价

4.2.1 路线调查应符合下列规定：
1 应根据现行标准对运营阶段评价的规定收集资料。
2 应收集运营期间的交通量和交通事故资料。
3 应对既有公路平面线形、纵面线形和横断面进行测量。

4.2.2 采用现场实测的方法进行测量时，应符合下列规定：
1 平面线形测量时，应在左、右幅中央分隔带边缘和右侧硬路肩外边缘四条线上布设测点，左、右幅的测点宜基本位于同一断面上。
2 测点纵向间距应不大于25m，半径较小的圆曲线路段和特殊路基路段应适当加密；桥梁、桥式通道、主线上跨的分离式立体交叉桥梁等明式构造物两端100m范围内，测点纵向间距应不大于10m。

3 纵面线形测量时，应与平面线形布设的测点一一对应。

4 横断面调查应包括断面布置、边沟形式、边坡坡度和视距及超高设置等。

4.2.3 应根据现行标准对运营阶段评价的要求，进行既有公路的设计符合性、运行速度协调性和设计速度协调性等方面的安全性评价。

条文说明

运营安全性评价一般作为一个专题进行。根据现行公路项目安全性评价标准的规定，其包括公路状况评价、事故调查、事故分析三部分，其中公路状况评价又包括设计符合性、运行速度协调性、设计速度协调性三个子项。

改扩建项目设计符合性评价，主要采用现场调查结果与现行技术标准对照的方法，评价确定是否需要调整线形。

4.3 路基调查与评价

4.3.1 路基调查应符合下列规定：
1 应调查既有路基主体的使用状况。
2 应调查既有路基支挡结构、防护工程、排水系统的实际状况。
3 软土地区应调查既有路基工后沉降情况。

4.3.2 应根据现行标准综合分析路基病害成因，评价既有路基承载力、稳定性和技术状况，对既有路基的可利用程度进行评价，提出病害处治建议。

条文说明

4.3.1~4.3.2 既有公路路基原则上要尽量利用，其可利用的标准，简括地说，就是其病害和隐患经处治后可满足使用功能。调查既有路基是否有过大的变形和开裂，按照现行标准的要求分析病害和隐患产生的原因，并在改扩建设计时提出避免和解决措施。在调查评价的过程中，如需要可采取针对性的勘察、试验、检测、理论计算等手段，具体由设计人员根据实际情况确定。对路基填料性质、压实度、模量等的试验，可视调查深度的需要而定，其目的是辅助分析病害原因，其是否满足现行标准的要求不作为确定是否利用的直接依据。

软土地区既有路基工后沉降调查，一般采用测量高程变化，并考虑路面加铺等因素的方法。

4.4 路面调查与评价

4.4.1 路面调查与检测应符合下列规定：
1 应现场调查路面的结构形式、使用状况、破损形式、排水状况等。
2 应检测沥青路面的结构层厚度、弯沉、破损率、平整度、车辙、抗滑性能等。
3 应检测水泥路面的结构层厚度、断板率、破损率、错台量、接缝传荷系数、抗滑性能等。
4 应根据需要进行路面混合料强度、模量等力学试验。

4.4.2 应根据现行标准综合分析路面病害成因，评价既有路面承载力和技术状况，对既有路面的可利用程度进行评价，提出病害处治建议。

条文说明

4.4.1～4.4.2 高速公路路面结构性损坏和破坏隐患是改扩建设计时需要重点关注的问题。过去几年，高速公路改扩建多依据《公路技术状况评定标准》（JTG H20—2007）的相关要求进行检测评价，由于该规范所规定的检测与评价指标主要以养护为目的，并不完全适用于改扩建。

根据对全国各省高速公路改扩建项目的调研结果，在进行路面加铺设计前，对既有路面结构检测的项目主要有路面残余强度、路面破损率、基层破损情况以及路面表面功能性等，因此本条文针对改扩建提出了相应要求。

4.5 桥涵调查与评价

4.5.1 桥涵调查与检测应符合下列规定：
1 应现场调查桥涵的结构形式、使用状态、缺损状况和适应性等。
2 应检测桥涵的材质状况、变形变位情况、耐久性相关参数等。
3 应根据需要进行桥梁承载能力试验鉴定。

4.5.2 桥涵评价应符合下列规定：
1 应按现行《公路桥梁技术状况评定标准》（JTG/T H21）评定桥梁技术状况。
2 应按现行《公路桥梁承载能力检测评定规程》（JTG/T J21）鉴定桥梁承载能力。
3 应按现行《公路桥涵养护规范》（JTG H11）评价桥涵适应性，并提出改进建议。
4 涵洞评价应符合本细则附录 A 的规定。
5 应分析桥涵病害成因，对既有桥涵的可利用性做出评价，提出维修加固建议。

条文说明

4.5.1~4.5.2 改扩建工程桥涵的调查，主要为了判定桥涵的技术状况，确定桥涵能否利用，同时为拟定桥涵设计方案提供必要的基础资料，凡涉及以上方面的内容均需进行调查。桥梁总体技术状况等级是桥梁整体能否利用的主要依据，主要部件技术状况评定等级是部件利用的主要依据。根据调查资料了解缺损状况，有利于设计人员对利用与否作明确的判定并在必要时确定维修方案。

4.6 隧道调查与评价

4.6.1 隧道调查与检测应符合下列规定：

1 应调查隧道的结构形式、使用状态、缺损状况、渗漏水情况、瓦斯及其他有害气体渗入情况、路面病害、冻害状况和适应性等。

2 应检测隧道的材质状况、变形变位情况、衬砌背后空洞、耐久性相关参数、路面抗滑性能等。

3 应排查隧道机电及交通工程等附属设施的缺陷。

4.6.2 隧道评价应符合下列规定：

1 应按现行标准对既有隧道的结构承载能力和结构安全性进行评价。

2 应分析评价增建隧道或扩挖隧道对邻近既有隧道安全性的影响。

3 应评价既有隧道的交通运营安全性，分析事故成因，提出隧道及相关设施缺陷的改进建议。

条文说明

4.6.1~4.6.2 隧道改扩建设计前应对既有隧道的设计、施工及运营安全等情况进行详细的调查，为隧道改扩建方案确定、既有隧道维修加固、施工期间应急预案制订等提供基础资料。既有隧道技术状况的调查主要进行隧道竣工图、设计与施工阶段相关地质资料、设计与施工变更情况、施工记录等原始资料的收集整理，并对隧道运营后隧道结构与附属设施的病害与处治情况、通风照明及其他机电设施的运营状况、交通事故情况等进行全面调查、统计分析。既有隧道利用时，还应对隧道结构的技术状况及病害情况进行专项检查及必要的监测。

在对既有隧道全面调查（含专项检测）的基础上，进行评价工作。评价重点是针对衬砌裂缝、衬砌厚度不足、衬砌背后空洞等病害或施工缺陷对隧道衬砌结构承载能力的影响，及渗漏水等其他影响运营安全性、结构耐久性的因素进行分析和评价，判定分类等级，提出技术措施建议。按照现行《公路隧道养护技术规范》（JTG H12）的相关规定评定等级分类，根据隧道结构的理论分析，参照现行《公路隧道设计规范》（JTG D70）相关规定对结构承载能力进行定量化判定。

增建或扩挖隧道距离既有隧道较近时，还应分析对既有隧道结构安全的影响，提出建议措施。

4.7 路线交叉调查与评价

4.7.1 路线交叉调查应符合下列规定：
1 应调查交叉范围内的建筑限界情况。
2 应调查相邻互通式立体交叉、服务区、停车区、大桥、隧道等的间距。
3 应调查交叉范围内的实际运营状况、交通事故、历史交通量等。
4 应调查收费站车道数、设备配置情况，以及收费广场、匝道、被交线交叉口等的运营情况。

4.7.2 路线交叉评价应符合下列规定：
1 应核查路线交叉范围内技术指标的规范符合性。
2 应对路线交叉范围内事故多发的路段或工点，评价其视距、车道宽度、平纵线形、超高加宽、过渡段长度等技术指标的合理性。
3 应评价相邻互通式立体交叉、服务区、停车区、大桥、隧道等间距的合理性。
4 应评价路线交叉对施工期各时段实施交通转换的影响。
5 应评价互通式立体交叉、分离式立体交叉、通道、天桥、收费站、平面交叉的运行状况和交通量适应性，提出利用和改建措施。

条文说明

4.7.1～4.7.2 既有公路路线交叉调查时需做好与主线的衔接，做好与桥梁、路基、路面、交通安全设施等其他专业的配合。在测量的基础上，收集既有工程的原始资料，调查路线交叉范围内的路况、建筑限界、运营状况、事故状况及与其他结构物或设施的间距等信息，了解交通需求变化、既有工程的规模和设施的适应性等内容。

路线交叉评价的目的是为改扩建方案拟定提供基础资料和数据支撑，根据现行标准中的有关要求，对路线交叉范围内的既有工程的规范符合性、道路运行状况、设计速度协调性、运行速度协调性等方面做出评价，提出既有工程及设施的可利用条件和可利用程度等。

4.8 交通组织调查与评价

4.8.1 交通组织调查应包括下列内容：
1 影响区的地理位置、行政区划、城镇分布、人口、产业、资源和自然条件等情况。
2 影响区内可供分流的公路网结构、技术状况、交通特性等。

3 施工期供分流路段的维修加固、交通管制等情况。
4 对交通组织有影响的既有公路构造物分布情况。

4.8.2 交通组织评价应符合下列规定：
1 应分析既有公路的通行能力和服务水平，评价既有公路交通流的运行状况。
2 应分析预测施工期路段和区域路网的交通量，分析既有公路构造物分布、主体工程改扩建方案对交通组织的影响。
3 应分析提出路网分流的可行路径，当分流公路需进行维护改造时，应提出相应的技术要求和措施。

条文说明

4.8.1~4.8.2 区域路网日常交通流量流向、节假日交通流量流向、客货组成、车辆类型组成、项目路过境、区间、路段车流状况等，总称交通特性。

对交通组织的影响包括路段道路通行能力、交通流量流向的分析、服务水平及路网道路通行能力、可容纳的交通量等方面。

5 总体设计

5.1 一般规定

5.1.1 应在工程可行性研究报告确定的改扩建形式、技术标准与规模、建设时机、实施方式等基础上进行总体设计。

5.1.2 应综合考虑建设条件、既有工程利用、施工期对区域路网的影响、建设与运营管理、经济性等因素，通过多方案比选，确定总体设计方案。总体设计方案应包括工程技术方案和施工期交通组织方案。

条文说明

一般情况下，改扩建的路线线形、结构物形式与跨径、交叉形式与位置等与既有公路相同或相适应，但受改扩建需求、交叉关系、拼宽条件、施工环境以及运营等因素的影响，需要更周密细致的方案比选方能确定。

5.1.3 高速公路改扩建宜采用两侧加宽，条件受限制时可采用单侧加宽。采用单侧加宽时，应加强原路侧车道转换带、交通工程等设计。

条文说明

目前，已实施的改扩建工程大多采用两侧加宽。两侧加宽在土地节约、资源集约利用、运营影响等方面优势明显，是值得优先选择的。但特殊情况下，如施工期维持交通要求特别高，或受大型构造物、地形等限制时，单侧加宽也是可以选择的。

既有公路为整体式断面，采用在一侧拼宽，同时对既有中央分隔带进行改移，建成后与两侧拼宽断面布置相同，此种方式兼合了两侧加宽和单侧加宽的优点，有时也是个不错的选择。对此类情况，本细则视为两侧拼宽的一种特例，在此特作说明。

单侧加宽，既有公路双向行驶改为单向行驶，受互通式立体交叉出入等影响，车辆运行状况较为复杂，为确保行车安全，对车道转换带位置与长度、交通工程设施等的设计提出了更高的要求。

5.1.4 改扩建加宽的基本形式宜为拼宽，高边坡、隧道、复杂结构桥梁等局部困难路段，可根据其特点合理地采用分离增建的形式。路段加宽形式见附录B。

条文说明

拼宽相对于分离增建，一般土地占用少，对沿线土地利用规划影响小，并减少了主线分岔或合流现象，工程规模相对也小，实践经验表明，一般情况下是值得优先选择的。

5.1.5 应分析施工与运营相互干扰的程度，工程技术方案与交通组织方案应相互协调。

5.1.6 交通工程及沿线设施改扩建的技术标准与规模应与主体工程相协调，并同步实施。

5.1.7 不同加宽形式之间的衔接过渡，应满足车道平衡、平纵面顺适、断面过渡合理等要求。

5.1.8 改扩建工程的总体设计除应考虑与新建工程共性的因素外，尚应考虑下列因素：
1 既有公路技术状况及运营安全性评价结果。
2 桥梁、隧道、路基、路面等构筑物的利用与改造。
3 互通式立体交叉、大型管理设施、服务设施等的增设、改移与改造需求。
4 整体式断面单侧加宽后，双向行驶改为单向行驶的行车安全性。
5 车道数增加、行驶方向改变等引起的爬坡车道、避险车道调整。
6 路基拼宽或路面加铺后对限界、净空的影响。
7 施工期交通组织对运行安全、施工方案和工期等的影响。
8 既有公路运营及改扩建施工对沿线周边环境、居民生产生活的影响。

5.2 总体设计要点

5.2.1 改扩建工程起、终点确定应符合改扩建规划要求，并宜选择在互通式立体交叉处。

5.2.2 改扩建工程经论证可分段采用不同的设计速度；设计速度分段长度不宜小于15km，特殊困难路段可经论证确定；相邻段设计速度差不宜大于20km/h，其变化点宜设置在地形、地物明显变化处或互通式立体交叉等节点处，并做好前后路段的线形衔接。

条文说明

受既有公路建设时的技术经济水平等因素限制，原设计速度可能偏低，交通适应性不足；增设互通式立体交叉时，可能引起互通区主线线形指标不能满足现行规范要求，若适当降低设计速度则可避免大规模的改造。因此，改扩建时需要根据变化的情况重新论证设计速度和分段长度。

5.2.3 车道数的确定应符合下列规定：
1 应根据预测交通量、设计速度、服务水平论证确定基本车道数。
2 分离增建时各分幅应不少于2个车道。
3 同向分离的其中一幅交通量特别大时，应根据该幅的预测交通量确定车道数。

条文说明

为满足安全运行、救援、超车等需求，规定分离增建时各分幅至少2个车道。

同向分离的互通式立体交叉前后路段，可能因交通组织方式引起断面交通量不平衡，诸类情况导致其中一幅交通量特别大，产生增加车道数需求。

5.2.4 加宽改扩建设计同一幅内不宜采用桥梁与路基拼接的形式。

条文说明

路基与桥梁拼接因刚度与变形难以协调，一般情况下同一幅内均不采用；特殊情况下，如受地形限制拼宽部分桥台与既有桥桥台错位等，不得不采用时，要尽量减少其路段长度，并采取必要的措施，减少和延缓病害的发生。

5.2.5 一般路基宜采用拼宽的形式加宽；高填、陡坡、深挖路段，地质条件复杂路段，加筋土、锚定板、桩板式挡墙等特殊挡墙路段，可采用分离增建的形式加宽。

条文说明

复杂路段，拼宽施工加载或卸载，或拆除支挡结构物后有可能造成路基不稳定，或处治难度与代价特别高时，分离增建的形式更合适。

5.2.6 拱桥、悬索桥、斜拉桥、大跨度连续梁桥等桥梁宜采用分离增建的形式加宽。其他桥梁宜服从路段加宽形式采用拼宽或分离增建。

条文说明

其他桥梁一般指空心板、T梁、组合小箱梁、工字梁等桥梁。

5.2.7 隧道路段宜采用分离增建的形式加宽。受条件限制时，中短隧道可采用原位扩挖隧道方案。分离增建的长、特长隧道，不宜采用单洞四车道方案。

条文说明

隧道设计优先考虑对既有隧道予以充分利用。从已有工程实践来看，原位扩挖隧道对既有交通影响较大，施工工序复杂，不确定施工风险多，故提出推荐采用分离增建的方案。当条件受限制时，中短隧道可采用原位扩挖。

长、特长的单洞四车道隧道相比两个双车道隧道，其造价高，施工风险大，故提出了不宜采用单洞四车道隧道的增建方案。

5.2.8 互通式立体交叉范围的主线宜采用两侧拼宽。

条文说明

高速公路互通式立体交叉范围的主线采用两侧拼宽的形式进行加宽时，其改造难度、改造工程量和改造影响范围相对最小，一般只需要考虑跨线桥的桥下净空问题和匝道与主线的衔接问题。如采用其他方式，还存在中央分隔带改移、同向分岔等可能带来的不同程度的安全隐患问题。

5.2.9 当施工对高速公路安全运营产生不可控危险时，应采用局部封闭施工方式。

条文说明

特殊高边坡路段爆破后的土石清理与运输，受地形、地质等条件限制需要利用既有公路，此时施工将危及运营安全，诸如此类的特殊情况，需要局部封闭施工。

5.2.10 编制交通组织方案时，除应采取交通组织的各项措施外，尚可采取有效的工程措施，满足或提高施工路段的通行能力与通行安全。

条文说明

有效的工程措施一般包括：
（1）设置运营便道，利用便道通行；
（2）加大桥梁拼宽宽度，以利用拼宽部分通车；
（3）桥梁顶升或通道下挖，以抬高净空，减小拆除重建；
（4）采用夹具固定新老梁板，或采用混凝土速凝剂等，减少湿接缝施工对通行的影响；
（5）加强边坡防护，减少边坡开挖；
（6）采用静态爆破或机械开挖，减少爆破影响等。

5.2.11 上跨主线的分离式立体交叉桥梁及天桥不能中断交通时应移位改建，短期允许中断交通时可在原位改建。

5.2.12 不同加宽形式过渡段宜设置在平纵面指标较好的一般路基段，并考虑与主线出入口、桥隧构筑物的距离等因素。

5.2.13 单侧拼宽，既有公路双向行驶改单向行驶时，主线出入口附近应设置车道转换带，其位置选择要考虑线形、桥隧结构物、与互通式立体交叉间距等因素，与主线出入口间的最小净距不宜小于2km；车道转换带长度不应小于2km；当互通式立体交叉间距较小，不满足设置条件时，可论证确定。

条文说明

车道转换带长度的规定主要考虑了转换交通量、车道数、设计速度、标志标牌设置、驾驶心理与习惯等因素。

5.2.14 应结合交通组织，分析关键工点施工工序，编制施工方案，合理确定工期。

条文说明

受运营影响，改扩建项目相比新建工程，施工工效更低、工序转换更复杂，特别是一些施工与运营干扰特别大的关键工点，有可能制约工期。

5.2.15 环境保护与资源利用应符合下列规定：
1 应分析土石方调运利用、大型结构物拆除及整个改扩建工程对环境的影响，制定相应对策。
2 对原路各分项工程挖除或拆除的材料，宜结合本工程及沿线地方道路规划建设等，进行统一调配利用。

6 路线

6.1 一般规定

6.1.1 改扩建路线设计，应根据总体设计方案，结合既有公路的利用与改造要求，合理选用指标。

条文说明

改扩建工程首先需考虑对既有公路的利用，通过调查与评价，总体设计统筹各分项工程的利用与改造方案，在此基础上进行路线设计，路线线形指标的采用应兼顾此要求；如果难以满足，则需通过总体设计协调各分项专业调整方案。这是一个相辅相成的过程。

6.1.2 拼宽路段应进行线形拟合设计；分离增建路段，路线设计应符合现行相关标准的规定。

条文说明

由于长期使用和自然影响等各种原因，路基会产生变形，既有公路实际平纵面线形不可能与原设计完全吻合。拼宽路段的平纵面设计不能简单地按新建工程进行设计，而需以既有公路的实际位置为控制点来设计，以拟合既有公路来实现充分利用。

6.1.3 既有公路运营阶段安全性评价有安全隐患的路段，在路线设计时应采取相应措施；不存在安全隐患的路段，可维持既有公路现状。

6.1.4 改扩建设计应采用运行速度对路线线形进行检验。

条文说明

运行速度检验主要针对下列路段：
（1）不同设计速度路段相衔接处。
（2）平、纵面指标变化大的路段。
（3）受条件限制，采用了平、纵面指标低限值的路段。

(4) 平纵面线形组合有异议的路段。
(5) 交通事故多发的路段。

6.2 横断面设计

6.2.1 应根据各组成部分的功能需求，进行路基标准横断面组成设计。

条文说明

由于改扩建的复杂性，实际工程中易出现横断面组成和宽度调整的需求。在调整横断面时应慎重，不应出现不满足功能需求的情况。如：目前国内出现的不增加既有路基宽度而将硬路肩改为行车道、增设港湾式紧急停车带的做法存在较大争议。从已建这类项目的情况来看，存在着由于取消硬路肩，造成紧急停车功能的弱化，以及当交通量较大时，港湾式紧急停车带上车辆汇入主线车流操作困难等交通安全方面的问题。

6.2.2 既有公路的长大纵坡路段，因连续上坡而通行能力明显不足时应增设爬坡车道，因连续下坡而发生事故频率较高时应增设避险车道。

6.2.3 中央分隔带宽度不同时，宜对变宽进行线形设计。条件受限制时，可设置变宽过渡段，其渐变率不应大于 1∶100。

6.2.4 受上跨构造物、高边坡等限制的局部困难路段，右侧硬路肩宽度可适当压缩，但不应小于1.5m，并应设置变宽过渡段和相应的交通安全设施。

条文说明

相应的交通安全设施主要包括禁停交通标志和路侧护栏引导过渡等。

6.2.5 既有路面直接利用时，在满足排水和超高设置要求的前提下，拼宽新建部分路拱横坡可顺接既有横坡。

6.3 平面设计

6.3.1 分离增建路段平面线位宜靠近既有公路布设；隧道路段应满足与既有隧道的安全距离要求。

6.3.2 两侧拼宽路段左右两幅宜独立进行平面线形拟合设计。

6.3.3 两侧拼宽平面线形设计应符合下列规定：
1 平面线形设计，应以桥梁、隧道、互通式立体交叉和分离式立体交叉等为控制点，利用左、右幅中央分隔带边缘点进行拟合，并采用左、右幅硬路肩外缘点进行校核。
2 对拟合允许偏差，明式构造物等主要控制点宜不大于10cm，一般路基路段宜不大于20cm。
3 长大圆曲线路段，可采用多圆复曲线线形进行拟合。
4 拟合后圆曲线半径与原设计值之差小于3%时，可采用原设计值计算其他指标。

条文说明

多圆复曲线拟合是指在拟合设计中，将拟合误差较大的单个圆曲线分割成几段半径不等（差值较小），但可径向衔接的圆曲线，从而提高拟合精度。

6.3.4 单侧拼宽路段，宜以既有公路平面线形为基础，在满足中央分隔带设置要求的前提下进行拼宽部分的平面线形设计。

6.3.5 既有公路超高值满足现行标准要求时，超高设计可按既有明式构造物的横坡进行控制。当超高过渡段中缓坡段过长时，宜分段设置超高渐变率。

6.3.6 主线分岔和合流应符合下列规定：
1 主线分岔和合流的设计应遵循车道平衡的原则。
2 应根据交通组成选择合理的分岔和合流方式。
3 分岔段和合流段宜设置在曲率半径较大的路段。
4 衔接过渡段的线形指标应连续、均衡。
5 在分流鼻端两侧，应在行车道边缘设置偏置加宽。
6 分流鼻端之前，应具有满足现行标准规定的判断出口所需的识别视距。条件受限制时，识别视距不应小于1.25倍的主线停车视距。

条文说明

对于分岔和合流方式的选择，根据左转交通量和大型车比例等因素，确定采用直接分岔合流还是变位分岔合流。

6.4 纵面设计

6.4.1 既有公路路基高度不满足设计水位要求时，应抬高纵面线形或采取其他有效措施。

条文说明

路基高度不满足设计水位要求主要有两种情况：①大范围的地面沉降或路基下沉等地质因素引起，需要调整纵面；②加宽后路基边缘，特别是超高段内侧高度不足，属局部小范围的情况，实际工程中多采用设置防水墙等措施处治。

6.4.2 两侧拼宽路段左右两幅宜独立进行纵面线形拟合设计。

条文说明

两侧拼宽时，不论平面线形是否采用两条独立设计线，纵面线形均按左、右幅分别进行设计能提高拟合精度。

6.4.3 两侧拼宽纵面线形设计应符合下列规定：
1 应以既有明式构造物为控制点，与既有桥梁的改造利用方案相协调。
2 应满足路面加铺、补强需要。
3 除受净空以及构造物限制的路段外，一般路段设计宜遵循"宁填勿挖"的原则。
4 特殊困难路段竖曲线可采用高次抛物线。
5 桥头处存在纵坡差值时，可设置渐变段进行高程渐变。

条文说明

拟合调坡设计主要以路面施工技术方案和构造物的桥面加铺层厚度为控制因素。为解决桥头跳车的问题，桥头路段需设置渐变过渡段。

6.4.4 当受构造物控制且纵坡不大时，在满足视距的前提下，经论证，纵面设计可采用3s设计速度行程的竖曲线长度来控制设计。

条文说明

《公路路线设计规范》（JTG D20—2006）中最小坡长指标的规定主要基于行车舒适性考虑，在其他指标满足的情况下，不会影响行车安全性。考虑改扩建工程的特殊性，认为一定条件下纵面设计可以适当灵活，不必拘泥于最小坡长，而采用竖曲线长度控制。

平原地区的改扩建工程中，路基段时常会发生较大沉降，纵断面拟合设计时，通常受相邻桥涵构造物的高程控制。与采用最小坡长控制纵断面设计的方案相比，采用3s设计速度行程竖曲线长度来控制纵断面设计的方案，能更有效地利用既有工程，减少工程量。浙江某高速公路改扩建，按国际标准化组织提出的基于振动加速度的舒适性评价标准《人体承受全身振动的评价指南》（ISO 2631）进行的分析表明，这两种设计方法得到的方案，其加权加速度均方根值都非常小，都属于"保持舒适"的范围。

7 路基

7.1 一般规定

7.1.1 改扩建路基设计，应对既有路基进行充分调查、合理评价，在此基础上分析拼宽部分路基、分离增建路基对既有路基变形、稳定性及防护和排水设施功能的影响，采取合理的技术方案，保证改扩建公路路基的强度和稳定性，并满足使用功能。

7.1.2 拼宽部分路基、分离增建路基的回弹模量应满足现行《公路路基设计规范》（JTG D30）的要求，且拼宽新建部分路基回弹模量不应小于既有公路设计时要求的值。

条文说明

关于路基回弹模量的要求，以往一般在路面设计规范中规定，考虑其实质是由路基质量决定的，且为路基验收时的重要指标，本次增加该项规定。

从路面结构对路基刚度突变的力学响应方面分析，无论是路表变形还是基层层底弯拉应力，在新路基与既有路基模量比小于1.0时，随着模量比的增大均有明显的减小，当拼宽部分路基与既有路基模量比超过1.0后，减小速率明显降低。所以过分提高拼宽部分路基模量会提高处治技术成本，且对路面结构受力状态改善的贡献不大。本次考虑我国地域广阔，各地填料资源情况不尽相同，从易于实行和经济性两个角度出发，提出拼宽部分路基回弹模量（标准值）不应小于既有路基的要求。

7.1.3 应采取必要的工程措施，控制拼宽部分和既有路基之间的差异沉降并保持有效结合。

7.1.4 应对既有路基病害和隐患进行处治，满足拼接要求及使用要求。

7.1.5 应维持或改善既有公路中央分隔带及超高路段排水设施功能，排水设施损坏的应进行修复，排水设施功能不满足改扩建后的使用要求时应进行改造。

条文说明

路面拼宽后路表汇水量加大，需对超高路段排水设施是否满足改扩建后的需要进行

7.1.6 分离增建路基沉降控制应符合现行《公路路基设计规范》(JTG D30)的规定。拼宽路基沉降控制应符合本细则的规定。

7.1.7 应提出既有防护和排水设施拆除、路基填料和绿化植物挖除的再利用方案。无法利用的应妥善收集处理，避免污染环境。

7.2 路床拼宽

7.2.1 路床填料应符合现行《公路路基设计规范》(JTG D30)的规定。

7.2.2 路床拼接部位应增强补压，保证拼接密实；受既有路基渗水等影响导致强度不足时，可采用换填、掺灰改良或排水等措施进行处理。

条文说明

路床拼接部位受既有路基渗水影响，难以压实的现象较为常见，而拼接部位压实对拼接质量起着至关重要的作用，故强调。

7.3 一般填方路基拼宽

7.3.1 地基表层处理，应视既有公路范围地基表层处理措施及现状地表情况，采取相应措施，满足上层路基填筑压实要求，并与既有路基地表的排水设施做好衔接。

7.3.2 路基填料应符合现行《公路路基设计规范》(JTG D30)的要求，且宜采用与既有路基填料性质相近或更利于拼接的材料。

7.3.3 当采用细粒土填筑时，应加强新路基与既有路基间的排水设计，必要时可增设盲沟，排除路基内部积水。

7.3.4 路基拼接应符合下列规定：
1 应在保证路基稳定的前提下清除旧路边坡绿化、圬工、未经充分压实的土或其他不适用土。
2 拼宽部分路基与既有路基宜采用开挖台阶拼接，台阶宽度不宜小于1m，开挖、填筑方式如图7.3.4所示。
3 当拼宽宽度过小时，可采用超宽填筑或翻挖既有路基等措施。
4 结合面以外不小于2m的范围，应增强补压，确保拼接密实，并对拼接部位加强检测。

5 路基拼接可采用铺设土工合成材料等措施增强。

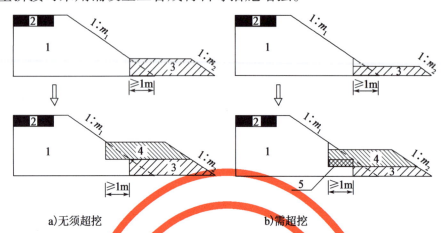

a) 无须超挖　　　　　　　　　b) 需超挖

图 7.3.4 路基拼接台阶开挖方式

1-既有路基；2-既有路面；3-前次填的部分；4-本次填的部分；5-超挖部分

条文说明

2 采用开挖台阶进行拼宽部分路基与既有路基拼接是实践中常规的做法，有利于结合紧密，减少差异变形。开挖一般采用直接开挖方式，由下至上，开挖与拼宽填筑交替进行。规定开挖台阶宽度不小于1m，是考虑消除既有路基边部压实可能施工不到位等隐患。

4 拼接部位确保碾压密实并均匀至关重要，直接决定了拼接质量。现有的检评办法往往使得实践中不能或不足以反映拼接部位的真实情况，故强调，以保证检测工作能较好地覆盖拼接部位。

7.3.5 特殊路基拼接应符合下列规定：

1 采用台阶法拼接困难时，填砂路基、粉土路基、填石路基、粉煤灰路基等可采用单坡填筑拼接，但应设置必要的防排水设施。

2 既有挡土墙路基拼接时，上部支挡结构物应予以拆除，拆除高度宜低于路床底面；剩余未拆除的部分不应对新的路面结构层受力变形产生不利影响，并应对下部路基填料和拼接工艺提出相应要求。

3 加筋土挡墙、锚定板挡墙、桩板式挡墙等特殊挡墙路基拼接时，应提出合理的拆除工艺，确保路基稳定。

7.4 高路堤与陡坡路堤拼宽

7.4.1 宜采取优质填料、土工合成材料加筋、提高压实要求等措施减小差异沉降。

7.4.2 宜对边坡分级、平台宽度、边坡坡率等作特殊设计，满足路基稳定性要求，并宜在路基底部增设土工合成材料予以增强。

7.4.3 路堤稳定性应符合下列规定：

1 高路堤及陡坡路堤拼接，除应对路堤堤身稳定性、路堤和地基的整体稳定性、路堤沿斜坡地基或软弱层滑动的稳定性进行验算外，尚应对沿新路堤与既有路堤结合面滑动的稳定性进行验算，验算方法宜采用不平衡推力法，安全系数不应小于1.3。

2 高路堤及陡坡路堤拼接，既有坡脚支挡结构物不宜拆除，拼接填筑时临近结构物处可采用小型机具薄层夯压密实，并应做好排水的衔接设计。

条文说明

1 高路堤和陡坡路堤，拼宽后稳定性可能下降，应特别注意。如图7-1所示新老路结合部强度不足，沿结合面产生蠕滑造成新老路错台，甚至坍塌，是高路堤和陡坡路堤拼宽后出现的典型病害之一。故提出了对沿新路基与既有路基结合面滑动的稳定性进行验算的要求。陡坡路堤拼宽后会改变沿斜坡地基或软弱层面的稳定性，故也提出需进行验算的要求。验算方法参照现行《公路路基设计规范》（JTG D30），建议采用不平衡推力法，并提出相应安全系数要求。堤身稳定、整体稳定验算方法同现行《公路路基设计规范》（JTG D30）。

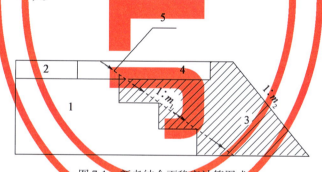

图7-1 新老结合面稳定计算图式

1-既有路基；2-既有路面；3-拓宽路基；4-拼宽路面；5-新老结合面

2 高路堤、陡坡路堤坡脚支挡结构物拆除，极易造成既有路基失稳，且因位于路基底部，对路面结构受力基本不会产生影响，故不建议拆除，而强调设计对拼接施工的考虑。

7.4.4 高路堤及陡坡路堤拼宽，应进行变形与稳定的动态监测设计，提出监测路段、项目、测点布置、监测方法及控制标准等要求。

7.5 挖方路基拼宽

7.5.1 挖方路基拼宽设计，应综合边坡地质条件、交通组织、运营与施工安全、施工难度、土石调运等因素，在满足边坡稳定性要求、保证行车安全的基础上，确定边坡坡率、平台宽度以及防护方案。

7.5.2 深挖路基、滑坡路基等应进行专项的开挖设计，分析开挖过程中的边坡稳定性及既有防护设施的受力、变形等情况，并宜提出合理的监测方案，以保证安全。

7.5.3 在满足边坡稳定性和行车安全的前提下，经论证可采取调陡坡率并加强支护、增设棚洞结构等措施，减少深挖方路段的开挖量及对运营的影响。

7.5.4 维持通车路段应考虑开挖、爆破、清渣调运等因素，提出相应施工要求，保证通行安全，保护路面。

条文说明

7.5.1～7.5.4 边通车边施工情况下，挖方路基拼宽是改扩建工程实施的难点或制约点之一，尤其是对较高的边坡，受地形等限制，施工条件困难，爆破、土石清理、运输等对运营的干扰特别大。

简单的做法是采用分离增建的加宽形式避开高边坡，但受地形、前后构造物或设施等限制，可能涉及较长路段的增建新线，规模增大很多；单侧拼宽也是解决途径之一，但除同样受前述因素制约外，还受边坡左右侧分布情况等影响，仍有可能造成规模的大幅增大。故结合具体路段，研究挖方路基拼宽技术，包括开挖与支护设计及对应的施工方法、安全防护措施等显得格外重要，对寻求充分利用既有公路资源、降低工程规模、减少对运营的影响的科学方案起着重要的作用。

某改扩建工程遇到大量的连续高边坡，对此作了专题研究，结合具体路段采用了以下几种方法，避免了分离新建方案，节省了大量的土地、征迁与工程量：

（1）部分连续单侧高边坡路段，采用一侧拼宽并改移中央分隔带方案。

（2）部分边坡经稳定性分析，采用上部锚固、下部陡直开挖，拼宽方案采用两侧拼宽。

（3）局部路段，结合交通组织可行性论证，采用局部时段封闭施工，拼宽方案仍采用两侧拼宽。

（4）局部路段采用静态爆破，解决与铁路相邻问题，拼宽方案仍采用两侧拼宽。

（5）其他路段在安全防护的基础上，采用爆破前后短时（10～20min）封闭交通，迅速清理飞石即恢复交通的方法，拼宽方案仍采用两侧拼宽。

故本条结合实践经验，对挖方路基拼宽设计应注意的要点进行了规定。

7.6 软土地区路基拼宽

7.6.1 应在对既有公路沉降与稳定状况作充分调查和评价的基础上，根据沉降协调并满足稳定性的原则进行拼宽路段软基处理设计。对于两侧拼宽，当地质变化大时宜分幅进行软基处理设计。

7.6.2 拼宽路基沉降控制应满足下列要求：
1 工后沉降计算年限宜不小于15年。
2 拼宽部分路基工后沉降，应满足桥头处不大于5cm、通道及涵洞处不大于10cm、其他一般路段不大于15cm的要求。
3 差异沉降控制，应满足拼宽路基的路拱横坡度增大值不大于0.5%、相邻路段差异沉降引起的纵坡变化不大于0.4%的要求。

条文说明

2 对工后沉降控制标准，《公路路基设计规范》（JTG D30—2004）第6.4.3条条文说明要求"拓宽路基应严格按桥头段路基工后沉降标准，控制其工后沉降"，对应此要求参照《公路路基设计规范》（JTG D30—2004）第7.6.4条关于新建工程的规定，则不区分各路段类型，均按拼宽部分路基工后沉降不大于10cm控制。根据调研及已实施的经验，认为考虑改扩建工程的特殊性，桥头宜更严，而一般路段则可适当放宽，故此处按不同路段类型对工后沉降的标准作了重新规定。

3 拼宽路基差异沉降控制标准，《公路路基设计规范》（JTG D30—2004）第6.4.3条、《公路软土地基路堤设计与施工技术细则》（JTG/T D31-02—2013）规定：工后的横坡度增大值不大于0.5%。其目的是减少差异沉降，减少路面结构的开裂损坏。但以上规定均未考虑施工期，事实上施工期差异沉降过大引起路面开裂的现象也是不允许的。同时提出差异沉降控制其本质上是为拼宽地基处理选择合适的手段与参数，工后的横坡度增大值指标在实践中较难操作。故此处对差异沉降的控制标准作了重新规定，且为便于设计时的理解与执行，下面介绍浙江省某高速公路改扩建路段的分析结果，供参考。

既有路基宽26m，两侧各拼宽4.5m。K48+431断面软土层厚49.2m，填高约4m。拼宽前路基沉降速率约3mm/月。拼宽地基处理采用塑料排水板，间距1.4m，打设深度25m。弹塑性有限元分析表明：拼宽荷载作用下，地基沉降如图7-2所示。其中既有路基中心总沉降7.7cm，既有路肩处沉降16.6cm，拼宽部分路基总沉降27.7cm（根据实测沉降曲线三点法推算的拼宽最终沉降为32cm）。据此计算差异沉降率，既有路范围约0.7%，拼宽后整体约为1.2%。计算断面既有路面面层和基层中产生的最大拉应力分别为0.19MPa和0.18MPa，均小于各自的容许拉应力。虽拼宽后整体的差异沉降率达到1.2%，但目前交工后运营已达10年，该路段使用情况较好。

当然，严格来说，仅从控制路面开裂出发，由于路面材料等的差异，也有可能需要根据具体项目提出不同的控制要求，但目前在这方面的研究还不多。另外，考虑车辆行驶舒适性，认为差异沉降过大也是不太合适的，故此规定路拱横坡度增大值不大于0.5%。今后实践中，各地宜继续总结经验，进一步验证。

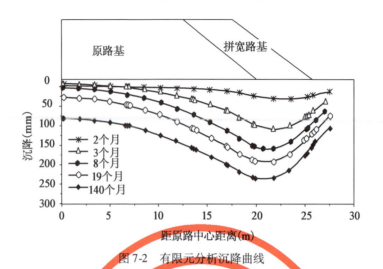

图 7-2 有限元分析沉降曲线

纵向的差异沉降控制，沿用了《公路软土地基路堤设计与施工技术细则》（JTG/T D31-02—2013）的规定。

7.6.3 施工期和运营期的路基整体稳定安全系数应不小于表 7.6.3 的规定值。

表 7.6.3 稳定安全系数规定值

计算方法		有效固结应力法		改进总强度法		简化 Bishop 法 Janbu 条分法
		不考虑固结	考虑固结	不考虑固结	考虑固结	
规定值	直剪快剪、直剪固快	1.1	1.2	—	—	—
	静力触探、十字板剪切	—	—	1.2	1.3	—
	三轴有效剪切指标	—	—	—	—	1.4

注：当需要考虑地震力时，稳定安全系数减小 0.1。

7.6.4 拼宽软基处理应符合下列规定：

1 宜采取加固土桩、刚性桩、轻质材料路堤等控制拼宽路基沉降的方法；当为浅层软土，或拼宽荷载较小，沉降容易控制时，可采用堆载预压、粒料桩等方法；当拼宽荷载较大，对既有公路影响过大时，可采用设置地基隔离墙的方法。

2 轻质材料路堤宜采用现浇泡沫混凝土、EPS 等。

3 地基处理方法选用时，应考虑拟选方案在拼宽地基处理施工时的挤土、震动对既有路堤或临近构筑物的影响。

4 在满足路堤稳定的前提下，宜使地基处理尽量向既有公路靠近，以利减少路基差异沉降。

5 必要时，可采取增设边坡桩的方法，减少差异沉降。

条文说明

浙江省软土分布广、厚度大、性质差，代表了较为不利的情况。省内某高速公路改扩建时，对拼宽工程软基处理，桥头采用水泥搅拌桩、管桩等减少总沉降的方法，竣工至今已运营7~11年，总体上看无论是施工期间还是交工后，比一般路段采用排水固结法的稳定状况要好一些。江苏、广东等省份改扩建，一般路段地基也均采用水泥搅拌桩、管桩等减少总沉降的方法，调研情况也反映使用情况较好。故对改扩建工程地基处理推荐采用加固土桩、刚性桩、轻质材料路堤等控制沉降的方法。在此基础上，设计人员可根据既有公路沉降状况，考虑与既有公路的沉降协调，通过计算分析，逐段选择合理的拼宽地基处理设计参数。

泡沫混凝土，由于强度高、性质稳定、施工方便、环保等优点，近年来在广东、浙江等地区的接受度越来越高，应用已十分广泛；粉煤灰、EPS等由于料源、环保等问题，实际使用减少。

特殊地质条件下或不合理的施工工艺下，拼宽地基处理施工对既有路堤及临近构筑物会产生较大影响，故也是设计应注意的事项。

7.6.5 拼宽部分路基和既有路基应同时进行沉降观测，并应符合下列规定：

1 观测点应布置在同一断面上，并设置在既有公路路中、路肩及拼宽部分中部、外侧。既有公路路中、路肩沉降观测可采用在路表埋设观测点的方法，拼宽部分宜采用埋设沉降板的方法。

2 沉降观测应满足二等水准测量的精度要求。

3 应结合填筑过程，提出沉降期不同阶段的观测频率要求。

4 地质条件差、路堤高、沿河（塘）等路段应布置测斜管，对地基内部土体水平变形进行观测，并与沉降观测同步进行。

7.6.6 填筑速率，当采用排水固结法时宜小于0.8m/月，采用刚性或半刚性桩复合地基法时宜小于1.5m/月；沉降速率宜小于5mm/d；侧向位移宜小于3mm/d。

7.6.7 预压卸载前，推算的工后沉降应小于设计容许值，且连续两个月沉降速率应小于3mm/月。

7.6.8 路面面层施工前，连续两个月沉降速率应小于2mm/月。

8 路面

8.1 一般规定

8.1.1 改扩建路面设计，应结合既有路面损坏特点、现有的技术状况和改扩建后的设计使用年限、交通特性等因素进行，按充分利用、合理补强、根治隐患的原则，综合确定方案。

8.1.2 改扩建路面设计包括拼宽新建路面、既有路面利用标准及处治、路面拼接、再生利用和路面结构防排水设计五个部分，应重视各部分的相互协调。

8.1.3 应根据既有路面结构检测评价结果进行设计，既有路面技术状况满足改扩建设计标准和使用要求时，可直接利用。

8.1.4 改扩建路面设计应重视与路线纵断面设计的协调，根据加铺、补强需要，对纵断面设计提出相应要求。

条文说明

既有路面设计加铺厚度不仅取决于路面加铺补强设计方案，同时也受路线纵断面制约，不一定能理想地均匀加铺，尤其是在软基等不均匀沉降较大的路段，路面加铺厚度的确定更易出现复杂的情况；同时一旦纵断面方案确定，新建路面高程也需按此进行总体控制。故应协调好路面加铺补强厚度与纵断面需求间的相互关系。

8.1.5 改扩建路面设计应重视既有路面材料的循环利用，铣刨、挖除的路面材料应进行再生或再利用。

8.1.6 路面结构防排水设计，应根据既有公路路面排水评价结果，确定路面排水设施的改造方案，并与路基排水相协调，形成完整的路基路面综合排水系统。

8.2 拼宽新建路面设计

8.2.1 拼宽新建路面设计应分析既有路面结构使用状况、损坏形式及原因，合理选择结构形式，提高路面耐久性。

条文说明

既有路面结构的使用状况是改扩建路面设计的参照物和基本依据，为了保证改扩建路面的耐久性要求，需要在既有路面结构使用性能评价的基础上，开展针对性的设计，以期避免既有路面主要损坏形式的再次发生。在路面结构形式的选择方面，无论采用何种结构形式，都要以保证路面的耐久性为基本目标。

8.2.2 既有公路为沥青混凝土路面时，拼宽新建路面应为沥青混凝土路面，路面结构形式宜保持一致。

条文说明

从目前国内改扩建工程实践经验看，我国高速公路沥青路面拼宽设计时几乎全部采用了沥青路面。由于不同沥青路面结构形式在交通荷载作用下的受力特性表现不完全一致，因此为了保证改扩建后既有沥青路面补强后的结构与新拼宽沥青路面结构的力学特性相协调，对拼宽的沥青路面结构形式提出了一致性要求。但此要求不是强制性的，各地也可以根据实际情况和已有经验在拼宽新建路面中采用不同的沥青路面结构形式。

8.2.3 既有公路为水泥混凝土路面时，拼宽新建路面类型宜采用水泥混凝土路面，也可采用沥青混凝土路面。

条文说明

我国高速公路水泥混凝土路面占的比例较小，在近年来实施的高速公路改扩建项目中，大多数高速公路的水泥混凝土路面都加铺改造成了沥青路面，同时新拼宽的路面结构也以沥青路面结构为主，出现了水泥混凝土路面黑色化的趋势。其根本原因是水泥混凝土路面损坏后难以修复，各地基于沥青路面结构在运营过程更易修复的特点而改变了结构形式。从不同路面结构形式受力后的力学性能特点看，不同的路面结构形式在相同的交通荷载条件下其主要力学指标的表现是不同的。因此，考虑路面结构的受力特性相一致，在水泥混凝土路面改扩建时，原则上宜采用相同的结构形式。

从国外高速公路改扩建经验看，在水泥混凝土路面拼宽为沥青路面后，也具有较好的使用性能，说明通过采取一定的技术措施，不同路面结构形式力学特性的差异是可以有效控制的，所以本条对水泥混凝土路面拼宽时所采用的路面结构形式未作强制性规定。

8.3 既有路面处治

8.3.1 既有路面处治设计应消除既有路面结构病害，恢复路面结构强度，改善其使用性能。

8.3.2 应根据既有路面调查与评价结果，合理确定处治路段，并依据交通荷载等级、气候与环境因素综合确定处治方案。处治后的路面结构强度及使用性能应满足改扩建后的使用要求。

8.3.3 既有沥青混凝土路面处治应符合下列规定：
1 根据既有路面检测评价结果，路面技术状况不能满足改扩建后设计标准和使用要求，但路表弯沉小于0.50mm或路面破损率小于10%时，可直接进行加铺设计。否则，应根据损坏情况对面层或基层病害予以处治后，再进行加铺设计。
2 既有路面技术状况满足改扩建后路面结构设计标准但不满足表面功能要求时，应采取措施恢复其表面功能。
3 既有路面加铺时采用的表面层混合料类型宜与新建路面一致。
4 局部病害处治可按现行相关规范进行。

条文说明

高速公路沥青路面改扩建设计过程中，对既有沥青路面可否利用的判断标准是非常重要但又难以确定的问题。从全国多个省份26个单位改扩建工程实践和提出的建议看，对高速公路既有沥青路面检测评价的技术指标多数是参照现行《公路技术状况评定标准》（JTG H20）进行的，但对可否利用的判断指标主要以路面表面弯沉和路面破损率为主。本条根据以上调研结果，推荐了既有路面可整体利用并在此基础上进行补强设计的标准。

8.3.4 根据既有水泥混凝土路面检测评价结果，路面技术状况不能满足改扩建后设计标准和使用要求，但路面断板率不大于5%、平均错台量不大于3mm且接缝传荷系数不小于80时，既有路面可直接进行加铺设计。否则，应按现行《公路水泥混凝土路面设计规范》（JTG D40）的要求处治后，再进行加铺设计。

8.3.5 桥面铺装病害处治应满足桥梁设计的荷载和净空要求，隧道路面病害处治应满足隧道净空的要求。

8.4 路面拼接

8.4.1 路面结构拼接设计应考虑不同结构层的层间协调以及施工因素，针对拼接部位的连接、反射开裂和渗水，提出针对性措施。

8.4.2 路面拼接设计时，基层拼接缝宜避开轮迹带。

8.4.3 沥青混凝土路面拼接应采用台阶搭接方式，基层、底基层台阶搭接宽度不应小于0.25m，面层台阶搭接宽度不宜小于0.15m。

8.4.4 水泥混凝土路面拼接应采用台阶搭接方式，基层、底基层台阶搭接宽度不应小于0.25m，面层台阶搭接宽度不宜小于0.30m。

8.4.5 当新路面与既有路面结构厚度不一致时，可依据各结构层厚度不小于最小厚度原则进行台阶搭接设计，保证结构层搭接后稳定。

8.4.6 在基层顶面接缝部位应设置土工合成材料、应力吸收层等，抑制拼接部位反射裂缝的产生。

条文说明

本条文对既有沥青路面结构拼接设计做出了具体规定。根据对全国各省份调研结果的分析，对于路面拼接台阶宽度分别为100cm、80cm、50cm和30cm来说，其对应的赞成比例分别为31%、15%、35%和19%，可见意见并不集中一致。考虑工程经济和施工的可实现性，以及对既有公路运营的影响等，本条对拼接台阶最小宽度作了规定。另由于在各结构层台阶拼接设计时，既有路面结构层厚度与新拼宽的路面结构厚度可能存在不一致的情况，因此在台阶的拼接设计时，应考虑既有路面结构层开挖台阶后需有一个最小厚度的要求，保证结构层在开挖台阶后保持稳定。

图8-1～图8-3分别为沥青路面结构拼接沥青路面结构、水泥混凝土路面结构拼接水泥混凝土路面结构和水泥混凝土路面结构拼接沥青路面结构典型拼接构造图。其中，图8-1、图8-2的形式已在国内高速公路改扩建工程中得到应用，使用效果良好；图8-3为美国和德国曾经使用过的水泥混凝土路面结构拼接沥青路面结构的拼接构造图，具有一定的适用性，可以有效提高水泥混凝土路面结构与沥青路面结构拼接的稳定性。这三种典型拼接构造形式都对拼接缝进行了防水处治，是保证拼接设计成功的关键措施。

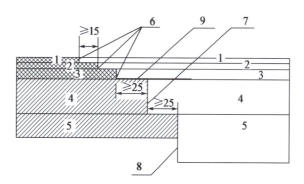

图8-1 沥青路面结构拼接沥青路面结构典型拼接构造图（尺寸单位：cm）

1、2、3-上、中、下面层；4-基层；5-底基层；6、7、8-面层、基层、底基层拼接缝；9-防反射措施层

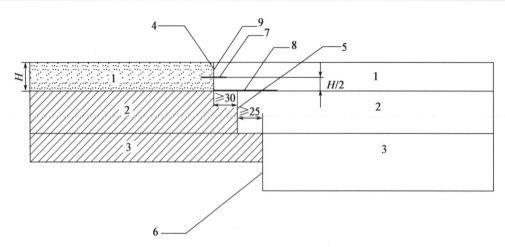

图8-2 水泥混凝土路面结构拼接水泥混凝土路面结构典型拼接构造图（尺寸单位：cm）

1、2、3-面层、基层、底基层；4、5、6-面层、基层、底基层拼接缝；7-传力杆；8-防水、防反射措施层；9-防水处治材料

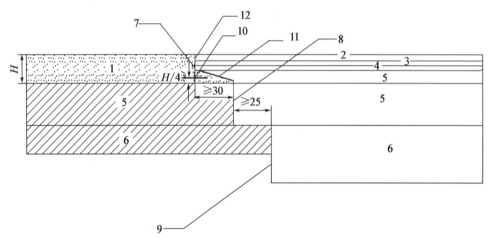

图8-3 水泥混凝土路面结构拼接沥青混凝土路面结构典型拼接构造图（尺寸单位：cm）

1-水泥面层；2、3、4-沥青上、中、下面层；5、6-基层、底基层；7、8、9-面层、基层、底基层拼接缝；10-传力杆；11-防水、防反射措施层；12-防水处治材料

8.5 再生利用

8.5.1 既有路面铣刨、挖除的材料应采用再生技术加以利用；无法利用的材料应集中收集处理，不得污染环境。

条文说明

高速公路改扩建工程将不可避免地产生大量旧沥青混合料和水泥混凝土，集中妥善处理这些旧料和废料并再生和再利用，对降低改扩建工程沥青路面的造价，减少废弃材料对环境的污染均具有重要的意义。

8.5.2 再生方式应综合考虑工程技术要求、环保、经济性和施工便利等因素论证确定。半刚性基层材料宜采用就地冷再生方式；沥青面层材料宜采用厂拌热再生方式；水泥混凝土路面材料宜采用现场破碎方式，也可采用工厂集中破碎方式。

条文说明

目前常用的路面材料再生方式较多，因此采用何种方式再生需要合理论证。根据国内各地工程经验，对半刚性基层材料、沥青面层材料和水泥混凝土材料的再生和再利用方式作了推荐。

8.5.3 再生半刚性基层混合料和再生沥青混合料应进行再生混合料组成设计，确定再生施工工艺控制标准和质量检验标准。

条文说明

再生混合料作为一种新的材料，需要对其基本力学性能以及使用性能提出具体的要求。由于实际工程采用的混合料类型不同，施工工艺控制的水平和程度也有所不同，因此应结合实施的改扩建工程特点对再生材料提出相应的技术要求并严格控制。

8.5.4 路面材料再生利用应符合下列规定：
1 再生的半刚性基层混合料可用于基层。
2 再生沥青混合料可用于沥青路面下面层，不得用于路面表面层。
3 破碎的水泥混凝土材料可用于路面结构底基层或路床。

8.6 路面防排水设计

8.6.1 改扩建路面设计应考虑路面结构防排水，遵循"以防为主、以排为辅"的原则。

条文说明

改扩建路面遵循"以防为主、以排为辅"的原则是根据工程特点确定的，特别是在路面拼接缝位置，首先应考虑防止水进入路面结构内，其次可考虑在路面结构内部采取排水措施。从目前我国高速公路改扩建工程项目使用情况看，防水无疑是最基本的技术保障措施。

8.6.2 路面拼接缝部位应采取防水黏结措施。

8.6.3 桥面、隧道路面沥青铺装整体铣刨重铺时应设置防水黏结层。

9 桥涵

9.1 一般规定

9.1.1 改扩建桥涵设计，包括既有结构物的利用、新结构物的设计、新结构与既有结构连接等内容，应根据改扩建工程的特点，综合确定设计方案，满足安全可靠、耐久适用、经济合理、统筹协调的要求。

条文说明

改扩建桥涵设计的重点是处理好既有结构的利用以及新结构和既有结构之间的关系，处理的方式会影响新建部分的设计方案。设计需要在全面了解既有桥涵结构的技术状况，施工、养护、运营、管理等情况基础上，考虑新建部分和既有结构形式协调性、相互间受力影响等因素，因此提出"统筹协调"的要求。

9.1.2 既有桥涵利用应符合下列规定：
1　桥梁总体技术状况评价等级为1类、2类的可原位利用，3类的经维修、加固后达到1类或2类的可利用，4类的宜拆除重建，5类的应拆除重建。
2　涵洞技术状况评价等级为1类的可原位利用，2类的可经维修后利用，3类的宜拆除重建。
3　桥梁主要部件技术状况评价等级为1类或2类的可利用。
4　拼宽新建部分与既有桥涵结构连接时，应满足本细则第3.0.8条的要求。

条文说明

桥涵总体技术状况或主要部件技术状况评价结果能否达到利用标准是既有桥涵能否利用的必要条件。根据现行《公路桥涵养护规范》（JTG H11）、《公路桥梁技术状况评定标准》（JTG/T H21）的规定，1类桥梁进行正常保养；2类桥梁进行小修；3类桥梁进行中修，酌情进行交通管制；4类桥梁进行大修或改造，及时进行交通管制；5类桥梁进行改建或重建，及时关闭交通。本条参照此分类标准及处置对策，做出桥梁利用标准的规定。

9.1.3 桥梁拼宽部分上部结构形式和跨径宜与既有桥梁保持一致。

条文说明

一般情况下应采用"结构同型"的原则，即拼宽部分结构和既有结构类型保持一致，主要考虑可从构造措施上减少差异变形对结构的影响，同时新桥与既有桥梁外观能够协调。

9.1.4 拼宽桥梁设计应考虑新结构与既有结构间的相互作用，如基础差异沉降、结构差异变形、混凝土差异龄期等因素，进行结构计算。

条文说明

新结构与既有结构相互连接后，不仅会使既有桥梁结构的受力发生变化，而且会使边界条件发生变化，如横向分配系数的变化、既有边板悬臂变为两边固结等，而且新结构与既有结构间的基础沉降差异，纵向、竖向变形差异等也会影响新结构与既有结构的受力。

即使新结构与既有结构不连接，新建结构也可能对既有结构产生作用，如新建的扩大基础会使既有扩大基础的基底产生附加应力。

9.1.5 拼宽桥梁的横坡设计应考虑桥面排水、桥下净空等因素的影响。

9.1.6 单侧拼宽时，车道转换带范围内的桥梁上部结构应进行连接，并进行整体计算分析。

9.2 桥梁拼宽

9.2.1 应综合考虑结构形式、跨径布置、拼宽部分自身稳定性、地质等因素，确定新结构与既有结构间是否连接。同一幅内新桥与既有桥梁的上部结构宜进行连接。

条文说明

桥梁拼宽一般采用上部与下部结构均连接，或上部结构连接、下部结构不连接，少部分采用上部与下部结构均不连接。三种方式各有其特点：

(1) 上部与下部结构均连接

这种方式的特点是新建部分与既有桥梁形成整体，减少各种荷载（包括基础不均匀沉降、汽车活载、温度荷载等）作用下的不均匀变形，但变形不一致易产生较大的附加内力。

(2) 上部结构连接、下部结构不连接

这种方式的特点是新建部分与既有桥梁上部形成整体，但下部各自受力，新桥与既有桥梁之间因材料差异、基础不均匀沉降等因素产生的附加内力，可采用先安装上部结构、延迟浇筑接缝时间、增加桩基础长度等方法减小影响。

（3）上部与下部结构均不连接

这种方式的特点是新建部分与既有桥梁各自受力明确，相互基本没有影响，施工对交通影响小。但新建部分与既有桥梁挠度差异相对较大，路面易产生纵向裂缝和横向错台，影响行车安全性、舒适性，并增加后期的养护维修工作。

具体采用何种方式，主要根据桥梁结构特点、建设条件等因素，因地制宜地选择合适的连接方式。

9.2.2 拼宽桥梁的基础设计，应采取减少沉降的措施，并考虑对既有基础的受力、变形等影响，对既有基础进行验算。

9.2.3 拼宽桥梁的桩基础设计应符合下列规定：

1 在满足承载力要求的前提下，同一墩台处新建部分的摩擦桩桩基长度不宜小于既有桥梁桩基长度。

2 桩基布置应考虑既有桥梁桩基位置以及施工设施等因素的影响；新建部分的桩基和既有桥梁桩基之间的中心距除应满足现行标准要求外，尚应满足施工作业空间要求。

3 新建部分的桩基直径和既有桥梁不同时，中心距应满足式（9.2.3-1）或式（9.2.3-2）的要求：

摩擦桩

$$d \geqslant 1.25 \times (d_1 + d_2) \tag{9.2.3-1}$$

端承桩

$$d \geqslant d_1 + d_2 \tag{9.2.3-2}$$

式中：d——桩基中心距（m）；

d_1——既有桥梁桩基直径（m）；

d_2——新建部分的桩基直径（m）。

9.2.4 桥梁拼接设计应符合下列规定：

1 应结合拼宽宽度、边板悬臂构造等因素，合理进行新建部分梁板的横向布置和上、下部结构接缝设计；上部结构湿接缝宽度宜不小于15cm。

2 下部结构不连接时，同一梁板不应骑跨墩台分隔缝布置。

3 宜在既有横隔梁的对应位置设置横隔梁，新横隔梁与既有横隔梁之间宜采用刚接。

4 新建部分既有桥梁之间接缝的施工宜在新建部分形成整体之后进行，横隔梁接缝的连接应先于桥面板湿接缝的连接。

5 应结合接缝设计，合理确定交通组织方案，安排施工工序，做好接缝的施工方案设计。

条文说明

1 上部结构连接后，受力体系发生了改变，配筋有所变化，接缝设计时应考虑其尺寸及钢筋构造因素。不小于15cm为经验数值，主要考虑保证施工需要的作业空间。

2 同一块梁板不能骑跨在下部结构的分隔处，以免不均匀沉降对梁板受力不利。

3 新横隔梁与既有横隔梁间相互连接是为了保证横向整体受力。

4 新建部分形成整体后再施工接缝，有利于形成整体后的受力，同时新建部分施工基本不受既有桥梁通行影响。

5 接缝浇筑时的交通组织，首先尽量采用封闭施工，不能封闭时，需要采取措施减少车辆运行对接缝混凝土凝固质量的影响。由于接缝的收缩徐变受到新梁板与既有梁板的限制，容易出现裂缝，采用合理的施工工艺（分段浇筑、添加膨胀剂等），可减少收缩裂缝的产生。

9.2.5 同一幅内新建部分的伸缩缝位置，宜与既有桥梁对应设置，且宜整条更换。伸缩缝接长时，应符合下列规定：

1 伸缩缝型号宜与既有桥梁保持一致。

2 接缝处型钢应连接，并应加强两侧锚固钢筋；接缝位置宜避开轮迹带。

3 橡胶条宜整条更换。

条文说明

锚固钢筋在型钢接头两侧加强，是为了减少型钢接缝在车轮作用下的损坏。

9.2.6 拼宽搭板宜与既有搭板连接；既有搭板病害严重影响使用时，应拆除重建。

条文说明

拼宽搭板与既有搭板连接，有利于搭板整体受力、变形协调。

9.3 通道、涵洞拼宽

9.3.1 明式通道或涵洞，其接长部分宜与既有结构连接。

条文说明

明式通道或涵洞接长部分和既有结构连接，有利于避免桥面铺装出现纵向裂缝，故建议连接。

9.3.2 接长部分的结构形式、孔（跨）径宜与既有结构相同，不同时接头部位应特殊设计。

9.3.3 既有通道、涵洞孔（跨）径不能满足接长后的功能需求时，应进行重建或增建。

9.4 桥涵拆除

9.4.1 应综合考虑改扩建方案、桥涵技术状况及构造要求等因素，确定桥涵局部拆除或整体拆除方案。

9.4.2 桥涵的拆除方案应考虑结构安全、施工安全、交通组织、环境保护等因素，并进行论证。

9.4.3 桥梁的拆除顺序宜采用既有桥梁施工顺序的逆序，连续梁桥、拱桥、斜腿刚构桥等宜通过计算分析确定拆除顺序。

9.4.4 桥涵拆除部分应考虑利用，保留部分应采取保护措施。

9.4.5 桥梁拆除后的剩余部分不应影响通航或通行。

9.5 桥梁顶升

9.5.1 桥梁顶升方案应考虑结构安全、施工安全、交通组织等因素，并进行论证。

9.5.2 应根据桥梁结构的特点、顶升量确定桥梁采用墩柱接长、垫石加高等方式。采用墩柱接长顶升方式时，应对墩柱接长段进行设计。

9.5.3 桥梁顶升设计应包括顶升量、顶升力、差异顶升量允许值等内容。差异顶升量不得超过结构的受力容许范围。

9.5.4 简支结构宜整孔、连续结构宜整联同步顶升；同一墩台处的顶升量宜一致。

条文说明

在横坡不改变的情况下，简支梁整孔进行顶升，且顶升的高度每块梁板一致，以保证横向连接的内力状态不变。

10 隧道

10.1 一般规定

10.1.1 改扩建隧道设计,应综合考虑既有隧道的现状、洞外接线条件、建设标准、改扩建难易程度、交通量及组成、施工交通组织及运营安全等因素,进行隧道分离增建、原位扩挖及其组合等多方案比选。

条文说明

改扩建方案的形式较多,各有优缺点。双向四车道分离式隧道改扩建为八车道隧道,一般采用在既有隧道的两侧增建隧道的方案,也可一侧增建及扩挖其中一个隧道的方案,其主要方案组合如图 10-1 所示。此外,当隧道地质条件好,既有隧道净距大时,经论证也可在两既有隧道之间新建隧道,以节约建设用地。

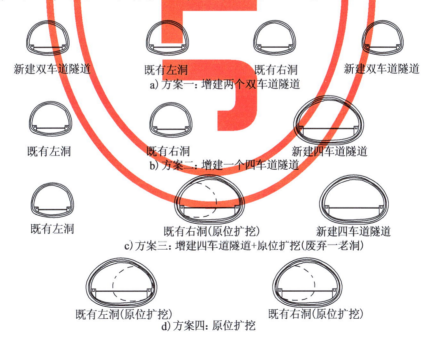

图 10-1 高速公路四车道隧道改八车道隧道方案组合

10.1.2 分离增建隧道、原位扩挖隧道设计应符合现行《公路隧道设计规范》(JTG D70)的规定;既有隧道利用时可符合原设计标准的规定。

条文说明

目前,既有公路隧道设计采用了《公路隧道设计规范》(JTJ 026—90)或《公路隧道设计规范》(JTG D70—2004)的技术标准,按这两版规范修建的高速公路隧道,其建筑限界分别如图10-2和图10-3所示。其建筑限界基本(最小)宽度见表10-1和表10-2。

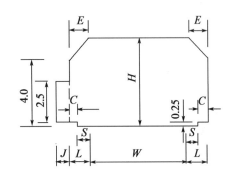

图10-2 (JTJ 026—90)版隧道建筑限界
(尺寸单位:m)

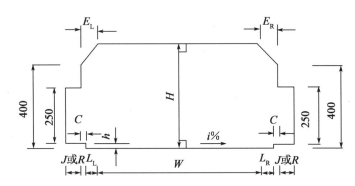

图10-3 (JTG D70—2004)版隧道建筑限界
(尺寸单位:cm)

表10-1 (JTJ 026—90)版高速公路隧道建筑限界基本宽度

设计速度 (km/h)	行车道宽度 W (m)	侧向宽度 (m)		检修道 J (m)		限界净宽 (m)	备注
		路缘带 S	余宽 C	左侧	右侧		
120	7.5	0.75	0.5	0.75	0	10.75	
100	7.5	0.5	0.5	0.75	0	10.25	JTJ 026—90
80	7.5	0.5	0.25	0.75	0	9.75	

表10-2 (JTG D70—2004)版高速公路隧道建筑限界最小宽度

设计速度 (km/h)	行车道宽度 W (m)	侧向宽度 (m)		余宽 C (m)	检修道 J (m)		限界净宽 (m)	备注
		左侧 L_L	右侧 L_R		左侧	右侧		
120	3.75×2	0.75	1.25	0.5	0.75	0.75	11.00	
100	3.75×2	0.5	1.00	0.5	0.75	0.75	10.50	JTG D70—2004
80	3.75×2	0.5	0.75	0.25	0.75	0.75	10.25	

注:1. 三车道隧道除增加车道数外,其余宽度同表;增加车道的宽度不得小于3.5m。
    2. 连拱隧道左侧不设检修道时,应设50cm(120km/h与100km/h时)或25cm(80km/h时)的余宽。
    3. 设计速度120km/h时,两侧检修道宽度均不宜小于1.0m;设计速度100km/h时,右侧检修道宽度不宜小于1.0m。

10.1.3 当设计速度提升时,对利用的既有隧道应重新确定建筑限界。

条文说明

改扩建设计速度拟提升时,需核实其路段内既有隧道的建筑限界是否满足对应设计速度的要求。

10.1.4 既有隧道维修加固不应侵入建筑限界。

条文说明

既有隧道的维修加固，一般在增建隧道修建完成并投入使用后进行，故有条件采取各种措施，使加固工程不侵入建筑限界。

10.1.5 应综合考虑增建隧道、扩挖隧道与利用的既有隧道之间土建设计的总体布局，以及和交通工程及附属设施设计的协调。

条文说明

在既有隧道利用的基础上，采用分离增建隧道、原位扩挖隧道进行改扩建时，需总体考虑增建隧道、扩挖隧道与既有隧道各方面的相互影响，包括隧道间距的设置、支护参数、施工方案、辅助施工措施等土建设计，以及运营交通组织和通风、照明、供电、监控等交通工程与附属设施，均要协调考虑，不能相互孤立。

10.1.6 增建隧道、扩挖隧道与既有隧道互为逃生通道时，其横向通道的设置应符合新建隧道的规定。

10.1.7 同向分行的两个隧道间，洞外应设置联络道及交通诱导设施。

条文说明

隧道改扩建，单方向行车采用两个隧道分行将成为比较普遍的现象。为方便日常养护管理和事故救援，同向分行的两个隧道间也需设置联络道；为减少驾驶人选择车道带来的行驶安全和交通量不均衡等问题，有必要设置交通分流诱导设施。

10.1.8 既有隧道的机电工程升级改造应在满足现行标准要求基础上一次设计，但可根据交通量增长分期实施。

条文说明

交通量的增长是逐渐积累的过程，因而，对能耗较大的通风、照明等设施，可根据交通量增长分期实施，以节约费用。

10.2 分离增建隧道

10.2.1 增建隧道设计应符合下列规定：
1 增建隧道与既有隧道净距宜按两洞结构彼此不产生有害影响的原则布置。

2 小净距时，应按小净距隧道围岩压力验算既有隧道结构的安全性，必要时应采取增大隧道净距、设置隔断墙、既有隧道结构加固或围岩加固等技术措施。

3 应根据围岩扰动影响与爆破振速控制要求，合理确定增建隧道的支护参数、施工方法、循环进尺及单段爆破药量等。

4 应提出对既有隧道进行爆破振速、裂缝变化、设施松动等的监测要求。

5 应对既有隧道内的灯具、风机、监控设备等进行隐患排查及必要的加固。

6 既有隧道病害严重或受围岩扰动、爆破振动安全影响大时，应采取临时加固等措施。

条文说明

1 增建隧道在既有隧道附近施工，可能会引起既有隧道围岩的应力重分布和变形，同时爆破振动对既有隧道结构也会产生不利影响。

2 当增建隧道与既有隧道为小净距时，净距越小，对既有隧道结构安全影响就越大，故需验算既有隧道的结构安全性。

3~6 通过实时监测既有隧道的爆破振速、裂缝变化、设施松动等情况，可动态调整施工参数，及时进行现场隐患排查和必要加固。根据工程实践，爆破振动速度一般可在5~20cm/s范围内取值，病害严重段取小值。

10.2.2 增建隧道与既有隧道间汽车横通道和人行横通道的设计，除满足现行标准要求外，尚应符合下列规定：

1 应避开不良地质段和既有隧道的坍方地段。

2 增建横通道结构外缘与既有隧道施工缝或变形缝间距应不小于1m。

3 当拆除既有衬砌结构时，拆除范围与增建横通道结构外缘及与既有隧道施工缝或变形缝的间距均应不小于2m。

4 既有隧道衬砌接缝处应进行凿毛处理，采用的防排水设施应与既有隧道可靠连接。

5 应采取微震爆破、机械开挖等方法，减少爆破振动对既有隧道结构的影响。

条文说明

增建的汽车横通道、人行横通道及与既有隧道的连接节点段，受力复杂，是隧道改扩建技术难点，需精细设计与施工，慎重处理好各环节的细节。既有隧道拆除范围规定主要考虑结构受力需要，并兼顾与既有隧道施工缝、变形缝的距离。

10.2.3 增建隧道和既有隧道的洞门形式、绿化景观宜协调统一。

10.3 扩挖隧道

10.3.1 隧道扩挖方案应考虑地质状况、施工安全、相邻隧道运营、交通组织等因素，综合分析制订。

10.3.2 扩挖隧道宜采用单侧扩挖。受条件限制或两车道扩挖成三车道时，也可在既有隧道的两侧扩挖或周围扩挖。隧道原位扩挖方式如图10.3.2所示。

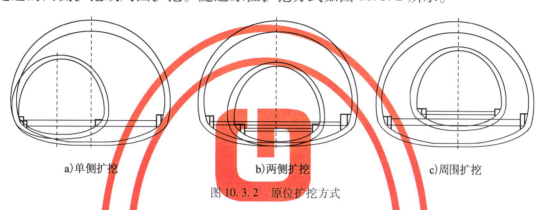

a) 单侧扩挖　　　　b) 两侧扩挖　　　　c) 周围扩挖

图 10.3.2　原位扩挖方式

条文说明

Ⅳ、Ⅴ级围岩段的施工计算模拟表明，单侧扩挖的围岩位移分布及围岩屈服范围均优于另外两种；工程实践表明，单侧扩挖与相邻隧道的净距大，施工风险小，且与洞外接线衔接更顺。

10.3.3 扩挖隧道施工对相邻的既有隧道爆破振动和结构内力存在明显影响时，对既有隧道应采取与本细则第10.2.1条相同的技术措施。

10.3.4 扩挖隧道的纵面设计高程应满足与相邻的既有隧道间车行、人行横通道的纵坡设置要求。

10.3.5 应探明既有隧道衬砌缺陷，必要时采取空洞回填、超前预加固和临时加固等技术措施。既有隧道单侧扩挖时，宜先扩挖既有隧道一侧。

条文说明

既有隧道发生过坍方、二次衬砌厚度不足、衬砌背后存在空洞等情况对扩挖施工安全影响较大，可采用实地调查、地质雷达、局部径向钻孔等手段进行探明。

扩挖隧道施工利用既有隧道形成的临空面，类似于大断面新建隧道的超前导坑或导洞的作用，故宜先扩挖既有隧道一侧，如图10-4所示。

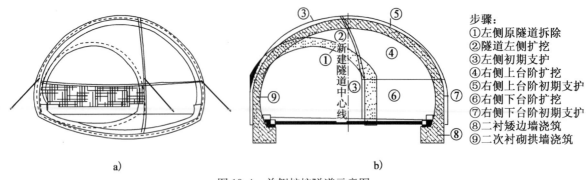

图 10-4 单侧扩挖隧道示意图

10.3.6 既有隧道支护结构的拆除及扩挖爆破施工应符合下列规定：

1 应根据既有隧道的结构形式、结构状况、围岩条件等合理确定支护结构的拆除与扩挖施工方案。

2 扩挖施工的循环进尺与支护结构拆除分段长度宜相同。Ⅴ级围岩宜为 0.5～1.0m，Ⅳ级围岩宜为 1.0～1.5m，Ⅲ级围岩宜为 2.0～2.5m。

3 爆破施工应考虑既有隧道的结构稳定。距掌子面 1 倍洞径处，垂直向爆破振速宜为 5～20cm/s。

4 支护结构的拆除宜采用机械破除方式。

10.3.7 扩挖隧道围岩压力计算应符合下列规定：

1 既有隧道施工发生过坍方，坍方高度不大于按现行标准计算得出的围岩垂直均布压力等效高度时，应参照新建隧道计算围岩压力，大于时应按坍方体高度计算围岩压力。

2 扩挖隧道与相邻隧道为小净距时，应按小净距隧道考虑围岩压力。

3 单侧扩挖应考虑围岩偏压对支护结构的影响。

条文说明

1 既有隧道发生过坍方时，围岩受到坍方扰动，需根据实际坍方高度考虑围岩压力的计算。

10.3.8 单洞四车道扩挖隧道支护结构应采用复合式衬砌设计，结构设计应满足现行《公路隧道设计规范》（JTG D70）的相关要求。

10.4 隧道维修加固

10.4.1 应根据对既有隧道的调查、专项检查及评价结果，提出对既有隧道的维修加固方案。判定结构情况正常、轻微破损时，可暂不处治，但应进行监测或观测；判定结构破坏至严重破坏时，应采取加固措施。

条文说明

既有隧道是否维修加固，一般按现行《公路隧道养护技术规范》（JTG H12）和本细则的要求进行全面调查、专项检查和评价后确定。

10.4.2 既有隧道维修加固应包括隧道衬砌结构加固、衬砌背后空洞回填、裂缝修补、渗漏水治理、路面维修加固及附属工程维修改造等。

10.4.3 既有隧道维修加固设计除应满足现行相关标准外，尚应符合下列规定：
1 应不破坏既有隧道主体结构的完整性，不堵塞既有排水系统。
2 宜在相邻的增建隧道、扩挖隧道施工完成后进行。既有隧道病害严重不能保证施工期的运营安全时，应采取加固措施或封闭施工等。
3 应根据通风、照明、消防、监控等设施改造需求，做好预留、预埋设计。

条文说明

2 在增建、扩挖隧道施工完成并开放交通后，再进行既有隧道的维修加固施工，对交通运营影响较小，故作此规定。

11 路线交叉

11.1 一般规定

11.1.1 改扩建路线交叉设计，应在适应路网结构和交通量需求的前提下，以既有工程为基础，根据相交公路的功能和等级、建设条件、工程规模、施工难度、施工工期、交通组织等因素，综合确定方案。

条文说明

改扩建工程与新建工程的最大区别就是改扩建工程需要考虑既有公路的影响，在确定路线交叉方案时，既要考虑与新建工程类似的因素，又要考虑既有公路保通等改扩建工程特点，考虑的因素多，侧重面也有所不同。

11.1.2 增减互通式立体交叉时，应综合考虑周边路网规划的变化、互通式立体交叉与其他相邻结构物及设施之间的间距、施工期交通组织等因素。

条文说明

增减互通式立体交叉，与新建工程有明显区别，主要指需考虑与其他既有结构物及设施之间间距的合理性、施工期交通组织、施工需求和可能引发的安全问题等。其他结构物及设施指桥梁、隧道、其他互通式立体交叉、服务区、停车区、养护工区等。

11.1.3 互通式立体交叉原位改扩建时，经方案论证，满足运行安全、功能和交通需求时，宜选用既有立交形式。

11.1.4 分离式立体交叉、通道和天桥等设施改扩建需封闭或中断交通时，应根据需要确定绕行方案。

11.1.5 应综合考虑主线及转向交通量的变化、计重和不停车收费（ETC）等因素，重新确定互通式立体交叉收费站车道数、车道分布和广场的长度。

条文说明

车道数的改造主要受转向交通量的影响；计重或不停车收费等需求的变化可能会带来车道分布的变化；增加车道数时，收费广场长度需要重新核查其合理性。

11.2 互通式立体交叉

11.2.1 主线设计速度提升时，匝道与主线相连接的加（减）速车道长度应作相应调整。

11.2.2 一般互通式立体交叉改为枢纽互通式立体交叉，既有匝道和构造物经论证能满足运行安全及交通需求时，可予以利用。

条文说明

一般互通式立体交叉改为枢纽互通式立体交叉时，匝道设计速度等技术指标虽然不一定能满足现行规范的相关要求，但经论证后能满足安全性要求和交通需求时，该匝道也可直接利用。

11.2.3 根据交通量预测结果和交通事故调查结论，不满足通行能力或存在安全隐患的匝道，应予以改造。局部运行条件较差的匝道有条件时也可一并改善。

条文说明

既有互通式立体交叉运行条件较差时，虽然可能已满足相关标准要求，但如实际运行的通行能力或通行安全出现不利影响时，可一并改善。

11.2.4 互通式立体交叉的间距应符合下列规定：
1 相邻互通式立体交叉的最小间距应满足新建工程的要求。
2 拟新增互通式立体交叉时，应针对间距变化，对主线通行能力和交通安全的影响进行分析。
3 对于新增互通式立体交叉后小于规定间距的路段，应考虑主线设计速度、车道数、交通组成、标志标线设置进行总体设计，并进行安全性评价。不满足要求时，应按复合式立体交叉进行设计。
4 互通式立体交叉与养护工区等设施之间的距离，宜满足互通式立体交叉之间的最小净距要求，条件受限时，可适当减小，但应按限制性出入口设置并加强交通安全设施设计。
5 互通式立体交叉与相邻的服务区或停车区之间最小间距应满足新建工程的要求。

条文说明

当相邻的互通式立体交叉或互通式立体交叉与其他设施的间距不能满足要求时，需要进行安全性分析评价，根据评价结果采取复合式互通式立体交叉或其他交通安全措施。

对限制性使用的设施（养护工区等）可不受上述间距限制，但应加强交通安全设施设计。

11.2.5 受条件制约时，经安全性分析论证，在满足出口识别视距的前提下，变速车道及分合流区域以外路段的主线纵面指标可按一般路段的标准控制。

条文说明

改扩建中，新增或改造互通式立体交叉时，可供选择的位置相对较少，尤其在改造为复合式互通式立体交叉时，其位置更难选择。在满足相关安全性前提下，进一步细化主线纵面指标控制标准，有利于位置选择，降低改扩建难度。

11.2.6 在同向分离的主线路段上，互通式立体交叉出口应设置在外侧路幅的右侧。

11.2.7 匝道局部改造有困难，经分析满足通行能力与运行安全要求时，匝道设计速度可适当降低，但不应小于30km/h。

条文说明

基于安全的前提下，考虑经济性提出本条规定。改造困难指受桥梁、用地及既有公路保通等条件的影响而使改扩建工程难以实施的情况。

11.2.8 匝道线形组合设计应符合下列规定：

1 应综合考虑各项技术指标的均衡性和连续性，避免技术指标不利值的相互叠加，视距变化应避免出现跳跃或间断的情况。

2 匝道平面线形应均衡、顺畅、连续，曲率过渡应与路段内行车速度的变化相适应。

3 设计速度不小于60km/h的匝道，线形设计应注重平、纵面合理组合及驾驶人对视觉和心理方面的要求。

条文说明

匝道线形及组合设计要求主要是从安全性的角度考虑的。对设计速度越高的路段，越应该重视路线线形及线形组合的要求；在设计速度较低的路段，对线形组合的要求相对较低。

11.2.9 加（减）速车道路段的匝道超高宜与主线路面超高一致。受匝道线形限制或桥涵结构物改造等影响时，应在主线和匝道行车道线相交叉之前根据渐变率要求设置横坡差过渡，横坡差应不大于6%。

条文说明

受匝道线形限制或桥涵结构物改造等影响时，分汇流鼻端之后加（减）速车道路段的匝道超高与主线路面超高难以一致，或其进出口路段内超高渐变率不能满足要求时，允许存在一定的横坡差，并设置渐变段过渡。

11.3 分离式立体交叉、通道、天桥

11.3.1 上跨结构物在中央分隔带设墩时，应符合下列规定：
1 桥墩基础不宜侵入路面范围；侵入时，基础顶面在路面下的埋深应不小于1m。
2 中墩两侧应设置防撞护栏，并预留护栏变形的空间。
3 应满足管线和排水设施设置要求。

11.3.2 下穿道路需维持通行时，上跨结构物改扩建设计应预留合理的施工高度。

12 交通组织

12.1 一般规定

12.1.1 改扩建交通组织设计，应遵循保障安全、通行有序、保护环境、减少社会影响的原则，协调好运营与施工的关系。

12.1.2 交通组织设计应在交通组织方案研究成果基础上与主体工程设计同步进行，并应进行动态设计。

条文说明

交通组织作为高速公路改扩建工程必要的工作，贯穿整个工程建设的前期方案、设计、实施各个阶段，需与主体工程设计阶段相配合，进行同步设计，并根据工程实际动态调整，因此做出该规定。

12.1.3 交通组织设计应结合改扩建总体设计方案进行，并应考虑影响区域路网状况、工程施工方案、施工工期等因素。

12.1.4 交通组织设计应包含应急预案及保障措施设计，并应设置相应的临时交通工程及沿线设施。临时交通工程及沿线设施的设计应与主体工程的设计协调、统一。

12.1.5 进行交通组织保障措施、临时交通工程及沿线设施设计时，设计速度不宜低于60km/h。

12.2 区域路网交通组织设计

12.2.1 应针对既有公路及周边路网施工期间分流能力，确定合理的区域路网交通组织设计。

12.2.2 区域路网交通组织设计应包含下列内容：
1 对周边路网交通量、交通组成、交通流特性的分析预测。

2 对区域路网布局、沿线城镇分布、公路技术状况等的调查、分析。
3 对路网分流点、分流车型、分流路径、实施计划安排等的分析论证，制订相应的分流、绕行、管制方案。

12.2.3 区域路网交通组织设计应符合下列规定：
1 应对施工期既有公路及周边路网各自的通行能力、服务水平及可承担分流能力进行分析。
2 应制订总体区域路网交通组织设计方案，内容应包括分流路径、分流车型、分流交通量，诱导点、分流点、管制点设置，以及分流路段改造、维修方案等。

12.3 路段交通组织设计

12.3.1 应针对既有公路的一般路段和关键工点，确定合理的路段交通组织设计方案。

12.3.2 路段交通组织设计应包含下列内容：
1 对施工期各路段、各阶段的通行能力及可容纳的交通量分析预测。
2 对工程实施期施工与运营的相互干扰程度分析。
3 对施工期路段保通、限速、改道等的分析。

12.3.3 路段交通组织设计应符合下列规定：
1 应结合施工标段、行政区划、构造物分布、施工方案，确定区段划分。
2 应在满足施工安全和工期的前提下，做好施工标段间、区段间的交通协调。
3 应做好一般路段和关键工点的分流与保通设计。

12.4 交通组织应急预案及保障措施设计

12.4.1 应针对施工期间可能发生的各种情况，进行应急预案及保障措施设计。

12.4.2 交通组织应急预案及保障措施应包含下列内容：
1 交通管理、安全保障、应急预案等方面的总体框架。
2 实施机构的组成建议。
3 相关的临时交通工程及沿线设施。

12.4.3 交通组织应急预案及保障措施设计应符合下列规定：
1 应提出针对各种突发事件的应急预案。
2 应提出应急预案的启动时机、反应机制等。

附录 A　涵洞技术状况评定

A.0.1　涵洞技术状况等级分为 1 类、2 类、3 类，见表 A.0.1。

表 A.0.1　涵洞技术状况等级

技术状况等级	涵洞技术状况描述
1 类	全新状态，功能完好
2 类	有缺损，对涵洞使用功能无影响
3 类	有重度缺损，不能正常使用，危及路基稳定

注：需要开挖路基才能维修的缺损，为重度缺损。

A.0.2　主要检查内容见表 A.0.2。

表 A.0.2　主要检查内容

检查项目	检查内容
进水口	铺砌、翼墙、护坡、挡水墙、沉砂井的完整性，洞口连接的平顺性
出水口	铺砌、翼墙、护坡、挡水墙的完整性，排水的顺畅性
涵身两侧	侧墙的渗漏水、开裂、变形或倾斜情况，砌体砂浆脱落、砌块松动情况，基础沉降、冲刷情况
涵身顶部	盖板或拱顶开裂、漏水、变形情况，拱顶砌块松动、脱落情况
涵底铺砌	有无淤塞阻水，铺砌的完整性
涵附近填土	渗水、冲刷、空洞、稳定情况
过水能力	位置的适当性，孔径是否足够，涵底纵坡是否合适

A.0.3　应根据表 A.0.3 的标准评定涵洞的技术状况等级，所列判定标准中符合一项即可判定为相应等级，同时符合不同等级的，按照较差等级评定。

表 A.0.3 涵洞技术状况等级评定

技术状况等级	评 定 标 准
1类	涵体无任何缺损，排水顺畅
2类	涵洞淤塞，排水不畅
	侧墙出现渗漏水现象，局部开裂、变形或轻微倾斜；基础发生少量沉降
	涵顶盖板或拱顶出现开裂、变形、渗漏水，但情况不严重
	砌体灰缝脱落，局部砌体块件松动或脱落
	接头或铰接缝处填料脱落
	压力式涵洞或倒虹吸管的涵顶路面出现浸渍
3类	涵洞整体沉降严重，洞内水位低于出水口
	局部沉降严重，出现错台、管节错位
	涵底、侧墙开裂严重，侧墙严重倾斜
	严重漏水，致使路基有空洞
	浆砌结构的缺口、开裂导致严重漏水，涵洞外侧、基底有冲刷
	涵顶路面出现浸渍，必须开挖路基维修
	拱涵的涵顶砌块出现掉落、缺损

附录 B 高速公路改扩建路段加宽形式

表 B 高速公路改扩建路段加宽形式

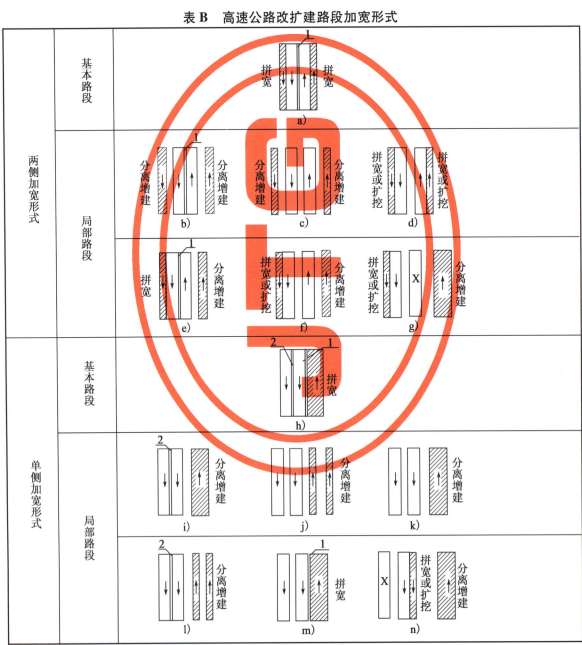

注：1. 以既有公路整体式路基段为基本路段。
2. 特殊情况如上下分离时未示。
3. 图中箭头表示行车方向。
4. 符号：1-中央分隔带；2-同向车道分隔带；X-既有公路废弃部分。

本细则用词用语说明

1 本细则执行严格程度的用词，采用下列写法：
1）表示很严格，非这样做不可的用词，正面词采用"必须"，反面词采用"严禁"；
2）表示严格，在正常情况下均应这样做的用词，正面词采用"应"，反面词采用"不应"或"不得"；
3）表示允许稍有选择，在条件许可时首先应这样做的用词，正面词采用"宜"，反面词采用"不宜"；
4）表示有选择，在一定条件下可以这样做的用词，采用"可"。

2 引用标准的用语采用下列写法：
1）在标准总则中表述与相关标准的关系时，采用"除应符合本细则的规定外，尚应符合国家和行业现行有关标准的规定"；
2）在标准条文及其他规定中，当引用的标准为国家标准和行业标准时，表述为"应符合《××××××》（×××）的有关规定"；
3）当引用本标准中的其他规定时，表述为"应符合本细则第×章的有关规定"、"应符合本细则第×.×节的有关规定"、"应符合本细则第×.×.×条的有关规定"或"应按本细则第×.×.×条的有关规定执行"。